# 1인 기업, 두 번째 커리어

# 1인 기업, 두 번째 커리어

우희경, 오하나, 김수진, 루시정, 지기, 정은혜 지음

생각의빛

# 두 번째 나의 인생, 1인 기업으로 산다는 것

언제부터인가 언론에서 '100세 시대' '120세 시대'를 살아가야 한다고 떠들썩했다. 보통 60세에 은퇴를 한다고 해도 40년을 더 살아야 하는 운명에 처한 것이 지금의 3040세대다. 그런 불안감 때문인지 결혼 후에나 시작했던 재테크를 20대부터 시작하는 시대가 되었다. 평생 직장, 평생 직업도 옛말이 된 지 오래다. 이미 많은 직장인들이 제2의 직업을 준비하고 있고, 또 그렇게 해야 되는 때이기도 하다.

우리 부모님 세대에는 한 직업을 30년 이상 해 온 것이 전혀 이상하지 않았다. 은행 이자율도 높았기에 한 직장에서 오래 버티고, 은행 적금만 잘 들어도 아이들 공부 시키는데 큰 문제가 없었다. 지금은 어떤가? 한 직장에 오래 머물러 있는 사람은 오히려 개인의 경쟁력이 없다고 여겨지기도 한다. 시대는 빠르게 변하고, 그런 흐름에 맞춰 두 번째, 혹은 세 번째 직업을 준비하는 분들도 주변에 많다.

지난여름, 퇴사 후 지금의 1인 기업으로 성공하기까지를 떠올리며 책 한 권을 집필하기로 마음먹었다. 그때 퇴사 준비생을 위한 1인 기업 실전서《완벽한 퇴사》를 쓰며 다양한 사람들의 이야기를 접하는 기회를 얻었다. 그 후, 많은 사람들에게 나의 이야기 말고 다양한 사람들의 이야기를 들려주자고 결심했다. 이를테면 케이스스터디인 셈이다. 두 번째 커리어를 준비하는 분들에게는 먼저 성장한 사람들의 이야기는 마른 땅에 내리는 단비와 같다.

그 후 다양한 사람들을 인터뷰하며 세상에 이렇게 멋지게 독립한 분들이 많다는 사실이 뿌듯했다. 회사를 나와 1인 기업 강사가 되어 당당하게 자신만의 커리어를 쌓아가는 분, 7년의 경력단절을 극복하고 1인 학원 원장으로 살아가는 분, 요즘 트렌드에 맞게 오디오 크리에이터가 되어 자신의 재능으로 1인 기업을 꾸리신 분, 직장인에서 글로벌 마케터가 되어 독립하신 분, 미니어처라는 수공예 작가가 되어 자신만의 브랜드를 만드신 분 등. 그분들의 이야기를 담아 독자들에게 알려주고 싶었다. 세상에는 이렇게 다양한 삶으로 자신만의 두 번째 커리어를 개척해 나가는 사람들이 있다고. 그러니 막막하다고 느껴질 때 동기부여를 받아서 도전을 두려워하지 말라는 메시를 담고서 말이다.

처음부터 쉬운 일이 어디 있을까? 그럼에도 도전하고, 시행착오를 겪고 성장해 나가야 한다. 그걸 알면서도 새로운 일에 도전하는 것 자체가 큰 부담이다. 그럴 때 한발 내딛는 용기를 줄 수 있는 사람들의 조언이 필요하다. 독자 여러분이 두 번째 커리어를 준비하고 있다면 이 책을 읽고 용기를 얻었으면 좋겠다.

다양한 사람들의 도전과 성장기를 보면 누 번째 인생을 순비하는데 힘을 얻을 수 있지 않을까? 이 책이 바로 그런 분들에게 희망의 꽃이 되었으면 한다. 책의 마지막 장을 덮고 두 번째 커리어의 시작이 자신감에 차 있다면, 이 책이 세상에 나온 가치는 충분할 것이다. 독자 여러분의 두 번째 커리어를 항상 응원한다.


2023년 3월 첫째 날
기획자 우희경

# 제1장
# 기업교육 강사로
# 두 번째 명함을 만들다

오하나

# 다 늦게 찾아온 질풍노도의 '사십춘기'

가만히 떠올려 보면 나에게 일어나는 일들에 대한 큰 반감 없이 흘러가는 대로 순응하며 살아온 참 재미없고 밋밋한 인생이었다. 부모님께 크게 대들어 본 적도 없었으며 시험을 잘 보지 못했다고 화를 내거나 울어 본 적도 없었다. 목표로 했던 대학에 진학한 것은 아니었지만 재수나 편입을 고민하지 않았다. "그냥 불만이 없었던 것 아니야?" 하고 생각할 수도 있겠지만 '간절하게 하고 싶은 것'이 딱히 없었기 때문이었다. 하고 싶은 일들이 머릿속에 떠오르면 항상 내 상황에 대해 먼저 생각했다. 일어나지 않은 일까지 걱정하는 성격도 한몫했던 것 같다. "이게 최선이야." 내가 나에게 평소에 가장 많이 했던 말이다.

소심하고 걱정이 많은 내가 딱 하나 실천에 옮겼던 버킷리스트는 패밀리 레스토랑에서 일을 해 본 것이다. 모 유튜브 채널에 출연하여 이야기한 적이 있다. 어린 시절 우연한 기회로 가 본 패밀리 레스토랑의 분위기는 나를 매료시켰고, 그 강렬한 인상은 오랫동안 마음속에 남아 아주 자연스럽게 나를 이끌었다.

레스토랑 생활은 기대했던 것보다도 훨씬 재미있었다. 여기에 푹 빠진 시기가 대학 4학년, 친구들은 취업을 위한 영어 공부나 스펙 쌓기에 열을 올릴 때였다. 나는 학교를 휴학하고 일에 열중했다. 여기서 보낸 몇 년은 나의 커리어에 가장 큰 영향을 끼쳤다. 어학을 전공했던 내가 전공과는 전혀 상관없는 외식업에서 사회생활을 시작했다. 그리고 이를 바탕으로 외식사업을 하는 A그룹에 입사하게 되었다.

회사 입사 후 7년 정도는 지금 생각해도 가장 열정이 가득했다. 인턴사원 시절 8차선 대로변에서 상품을 팔기도 했고, 태풍이 온다고 하면 손수 매장 유리창에 신문지를 붙이며 대비했었다. 매일 다양한 고객이 오가는 매장 생활은 굉장히 활기차고 치열했다. 오래 서 있어야 하는 업무 특성 때문에 다리가 아프고 몸이 고달프긴 했지만, 시간 가는 줄 모르고 일했다, 가끔 까다롭고 어려운 고객들도 있었다. 그래도 서러움을 토로하고 서로 이해해 줄 동료들이 있어 괜찮았다. 남들이 쉬는 주말이나 연휴에 가장 바쁘고 나인 투 식스(9 to 6)의 업무 시간이 아니라는 점을 빼면 나에게 매장 생활은 큰 즐거움이었다.

하지만 매장 근무를 계속할 수는 없었다. 회사 업무의 특성상 일정 기간의 현장근무 후 지원부서로 순환되는 것이 일반적이기 때문이었다. 매장 생활이 좋아 이 회사에 입사했던 나는 커리어에 대해 고민하기 시작했다.

내가 매장에서 나가게 된다면 어떤 부서로 가는 것이 좋을까? 한 번도 생각해 보지 않았던 문제였다. 매장 관리자로서 직원을 채용하고 교육을 통해 그 직원의 성장을 지켜보는 것이 나에게 의미 있었기 때문에, 교육과 관련된 직무로 커리어를 이어가고 싶은 마음이 들었다. 하지만 여러 우여곡절 끝에 교육팀이 아닌 창업지원 부서에 새로운 둥지를 틀고 현장근무를 마무리하게 되었다. 주어진 상황에 순응하는 성향이었던 나는 새 부서에서의 생활도 그럭저럭 이어나갔다.

어느 시점부터 아무 목적도 없이 하루하루를 보내는 생활에 무기력해지기 시작했다. 직장인들에게는 3년, 6년, 9년 주기로 슬럼프가 찾아온다는 말이 있다. 미래가 그려지지 않는다고 해야 할까? 3년 후, 5년 후의 나는 여기서 어떤 사람이 되어있을까 생각하면 전혀 아무것도 떠오르지 않았다. 회사 생활을 성실하게 하고 있었으나 목표와 목적이 없었고, 무언가를 해야 한다는 막연한 초조함이 생기기 시작했다.

퇴근 후 강남역에 있는 중국어 학원에 다녔다. 당장 필요하지 않았지만 HSK급수를 취득하면 마음이 든든해질 것만 같았다. 14만 원짜리 중고 바이올린을 사서 일주일에 한 번씩 팀장님의 눈치를 보아가며 바이올린 수업을 받으러 갔다. 사내 외국어 수업으로 일본어도 배워 보고 인터넷 서점에서 닥치는 대로 책을 쇼핑했다. 밑줄을 그어가며 밤낮으로 책을 읽어도 돌파구는 보이지 않았다.

무엇이 문제였을까? 좋은 연봉을 받는 꽤 괜찮은 회사에 다니고 있었다. 흘러가듯이 이 시기를 보낸다면 경제적으로 좀 더 넉넉한 생활은 보장된 것이 아닌가? 사춘기에도, 이십 대에도 큰 고민 없이 살아왔던 나였다. 삼십 중반의 나이에 적성이나 찾고, 일이 재미없다며 불평을 한다는 것이 정말 철없게 느껴졌다.

다들 그렇게 산다고들 했고, 나의 이런 불만이 사치라고 말하는 사람도 있었다. 나중에 기업 강의를 위해 여러 가지 공부를 하며 알게 되었다. 회사를 그만두고 싶었을 때 나의 상태는 아마도 번 아웃(Burn-out)이 아니었을까? 아무 의욕도 없고 재미도 없었던 나는 회사를 떠나는 것 외에 다른 방법이 생각나지 않았다. 10년을 다녔던 나의 첫 회사, 모두의 걱정을 뒤로하고 나는 제 발로 그곳을 나오게 되었다.

의기양양하게 퇴사했지만 소심하고 걱정이 많은 성격인지라 마음이 편할 리 없었다. 대학 졸업 후 계속 일만 했으니 좀 편하게 쉬어도 되었을 것을, 누구도 나에게 뭐라고 하지 않았음에도 스스로가 '잉여 인간' 같이 느껴지는 그 시간을 견디는 것은 생각보다 힘들었다.

처음부터 기업 강사로 활동하려던 계획은 아니었다. 환경이 바뀌면 새로운 마음이 들지 않을까, 다시 열심히 일할 수 있지 않을까 하는 마음에 자연스럽게 이직을 준비했다. 하지만 이직을 위한 몇 번의 인터뷰를 하는 과정에서 깨달았다. 뚜렷한 목적이나 목표 없는 성급한 이직은 아무 의미가 없다는 것을. 삼십 중반이 다 되어 찾아온 나의 사십춘기, '내가 하고 싶은 일은 무엇일까?', '앞으로 어떻게 살아야 할까?' 늦은 고민이 시작되는 순간이었다.

쉽지는 않겠지만 마음을 편히 갖기로 했다. 내가 배워 보고 싶은 것들에 대해서 차근차근 떠올려 보았다. 회사에서 꼭 한 번 일해 보고 싶었던 부서가 있다면 당연히 '교육팀'이었다. 내가 채용하고 교육했던 직원이 어엿한 매장의 구성원으로 성장했다고 느껴지면 매장 관리자로서 정말 기분이 좋았다. 현장인력을 교육해 본 경험에 대해 말하라고 한다면 그 누구보다 자신이 있었다. 현장에서 부딪혀 가며 많은 것들을 축적했기 때문이다.

'내 경험을 살린다면 서비스 업종 직원들에게 강의할 수 있지 않을까?' 하는 막연한 생각이 머리를 스치고 지나갔다. 10년의 회사 생활을 마무리하고 처음으로 찾게 된 '하고 싶은 일'. 나는 모 아카데미의 CS 강사 양성과정에 등록하는 것으로 프로 강사가 되기 위한 첫걸음을 내딛게 되었다.

# 대표님 되기, 생각보다 별거 아니네?

프로강사가 되기로 마음먹고 서울에 있는 모 아카데미서 CS 강사과정과 퍼스널컬러 컨설턴트 과정을 수료했다. 현장에서 고객을 응대하는 실무에는 자신이 있었지만, 이론적인 부분들을 배워 본 적은 없었다. 학창시절을 돌이켜보면 선생님이 유명 대학을 나왔다고 해서 꼭 알기 쉽게 설명해 주시는 것은 아니었다. 내가 많이 안다고 잘 가르칠 수 있다는 것은 망상에 불과하다. 강사가 되기 위해서는 생각보다 많은 요소를 다듬고 준비해야 한다.

현재 활동하는 기업강사들은 기업이나 컨설팅회사에 소속된 강사와 혼자 활동하는 프리랜서 또는 1인 기업으로 나누어진다. 프리랜서 강사가 사업자 등록을 하는 것은 개인의 선택이다.

각각의 방법은 장단점이 있으니 본인의 활동 방향과 계획에 맞추어 선택하면 좋겠다. 사내 강사가 되면 회사에서 수년간 쌓아온 노하우를 배울 수 있고 업무 체계를 잡는 데에도 유리하다. 함께 근무하는 강사들과 콘텐츠를 개발하는 등 협업을 하면서 배우는 것도 많다. 급여를 받는 직장인이니 수입이 안정적이지만 강의 외의 다른 잡무가 많을 수 있고 다양한 청중을 만나기는 힘든 구조이다.

프리랜서로 활동하면 수입이 불안정하다는 치명적인 단점이 있지만 자유롭게 내 일정을 조율할 수 있으며, 내가 원하는 콘텐츠를 다양하게 개발하고 시도할 수 있다. 이력이 축적된 후에는 직장인보다 큰 수입을 받을 가능성이 있다는 것도 매력적이다.

아카데미에서 함께 공부했던 동기 중 20대~30대 초반까지의 친구들은 사내 강사 입사를 준비했지만 이미 30대 중반이었던 나는 그것도 쉽지 않았다. 기업에서 채용을 해 준다고 해도 이미 10년의 회사 생활을 거쳐 온 내가 신입사원으로 다시 조직 생활을 해낼 수 있을지 미지수였다.

자의 반 타의 반으로 조심스럽게 강의할 곳을 알아보며 지내던 중, 헤드헌터를 통해 유통업을 하는 모 기업 현장서비스 교육담당자로 입사 제의를 받게 되었다. 교육 관련 전공자도 아니고, 이전 회사에서 교육직무를 했던 것도 아니었는데 내가 현장 관리자로 오래 근무했던 경력에 좋은 점수를 주었다.

이곳은 영어 이름으로 호칭하기, 복장 자율, 휴가 개인결제 등 그 당시만 해도 많은 화제가 되었던 기업문화를 가지고 있었다. 신선하고 자유로웠으며, 없었던 업무를 만들면서 내가 채용된 것이라 업무에 대한 자율성과 권한도 어느 정도 부여받을 수 있었다. 온보딩(On boarding)이라고 불리는 신규 입사자 입문교육, 정기적인 서비스 평가와 후속 관리교육 그리고 현장서비스 코칭을 하며 본격적인 교육담당자 업무를 하게 되었다.

업무 강도가 높지는 않았지만 새로운 콘텐츠를 자유롭게 해 보고 싶다는 생각을 떨칠 수 없었다. 앞에도 언급하였지만 사내 교육담당자나 사내 강사는 어쨌든 회사원이므로, 회사의 운영 방향과 지침에 맞추어 프로그램을 만들어야 한다. 매주 운영했던 신규입사자 교육에 참여하는 직원들은 대부분 20대 초~중반이었다. 언젠가 프리랜서 강사가 된다면, 다양한 연령대와 직업을 가진 사람들을 만나야 한다. 과연 내 강의는 그들에게 울림을 줄 수 있을까? 강사가 된 나는 또 다른 고민을 하기 시작했다.

고민이 계속되던 중, 회사 내의 이슈로 업무 환경에 큰 변화가 생겼다. 계속 이대로 근무 할 것인지 새로운 도전을 할 것인지 다시 선택해야 했다. 이미 30대 중반의 나이, 어차피 언젠가 독립해야 한다면 한 살이라도 어릴 때 시작해야 하지 않을까? 홀로서기를 해서 겪게 되는 시행착오는 40세에도, 50세에도 똑같이 찾아올 것이다. 차라리 일찍 그

혼란의 시간을 버텨내고 자리를 잡는 편이 나을 수도 있다. 무모한 생각일 수도 있지만 이제 회사의 이름이 아닌 내 이름으로 승부를 한번 걸어 보고 싶었다.

교육담당자의 이름을 벗어 던진 나는 어디에도 소속을 두지 않은 프리랜서 강사 생활을 시작했다. 얼마 전까지 평범한 회사원이었던 나에게 회사 이름이 없어져 버렸으니, 다른 사람에게 과연 나를 뭐라고 소개해야 할지 막막했다. 나에 대한 확신이 부족해서 그런지 명함을 내미는 순간 나도 모르게 몸이 움츠러들었다. 회사에 다닐 때는 몰랐다. 명함에 새겨진 회사 로고가 세상의 많은 풍파를 막아준다는 것을. 회사를 나오는 순간, 모든 것을 스스로 해결하고 책임져야 한다.

명함 앞면 중앙에 '오하나 강사'라고 적었다. 현장에서 직원들을 지도하고 교육을 운영해 본 경험을 활용해서 고객서비스에 대한 강의를 주로 해 볼 생각이었다. 고객서비스와 이미지메이킹, 감정노동 스트레스 등 평소에 관심이 있었던 주제를 추려내어 작은 강의부터 차근차근 활동을 시작했다.

방금 언급한 주제로 강의를 하는 사람이 이미 얼마나 있을까? 잘은 모르지만 아마 몇만 명은 족히 될 것이다. 그 많은 강사 가운데 나는 어떻게 생존해야 할지, 과연 생존할 수는 있는 것일지 끝없는 고민의 밤이 계속되었다.

내가 다른 강사보다 잘할 수 있는 것은 현장을 이해하는 것이다. 특히 고객을 응대하는 현장에 대해서는 그 어떤 강사보다 잘 안다고 자부할 수 있다. 그럼 고객을 응대하는 현장직원들에게 내가 진심으로 해 주고 싶은 말은 무엇일까?

"여러분도 고객 못지않게 소중한 존재입니다. 자신감을 가지세요."

현장에서 직원들과 몸으로 부딪치며 서로를 위로했던 말을 이제는 좀 더 여러 사람과 나누고 싶었다. 나의 첫 회사 이름으로 쓰게 된 '자신감충전소'는 이렇게 탄생했다.

강사로서 사업자등록이 필요하다고 생각하는 가장 큰 이유는 경력 증빙이다. 강사 세계에서는 경력이 굉장히 중요하다. 회사에 소속되어 있을 때는 경력과 관련된 서류를 쉽게 준비할 수 있지만, 프리랜서 강사는 필요할 때마다 내가 출강했던 곳에 따로 연락하여 서류를 받아 두고 제출하는 번거로운 절차를 거쳐야 한다. 하지만 사업자 등록증이 있다면 등록일로부터의 경력을 인정받을 수 있다. 위와 비슷한 이유로 비즈니스 상황에서 좀 더 전문가로 인정받을 수 있고 실제 공공기관에서 대표 직함을 가지고 있는 강사와 그렇지 않은 강사의 강의료는 차이가 있다는 것도 사업자등록을 권하는 이유 중의 하나이다.

어제까지 아무것도 아니었던 내가, 갑자기 사업체의 대표가 된다는 것이 가능하단 말인가?

결론부터 말하면 가능하다. 마음만 먹었다면 바로 실행에 옮겨보자.

단, 사업장 소재지로 사용할 주소가 있어야 한다. 내가 주로 할 사업이 어떤 분야인가 생각해서 업태와 종목을 정한다. 국세청 홈택스에 접속해서 '사업자등록신청' 메뉴로 간다. 여기에서 방금 정한 업태와 종목, 사업장 소재지와 내 개인정보를 입력하고 필요한 서류를 등록하면 끝!

필요한 것들이 다 준비되었다면 신청 절차는 10분도 채 걸리지 않는다. 승인 후 사업자 등록증도 내가 직접 출력하면 되니 세무서에 방문하지 않고도 방 안에서 노트북으로 모든 절차를 다 진행할 수 있다. 대표가 되는 것? 생각보다 참 쉽고 아무것도 아니다. 서류상으로 대표가 되었으니 이제 진짜 내 사업을 책임지고 잘 꾸려나가는 진짜 대표가 되어보자. 사업자등록은 대표로 살기 위한 시작에 불과하다.

# 사무실 찾아 삼만리

커다란 중앙공원이 보이는 전망에, 모든 창은 통유리로 되어있다. 심플하고 세련된 집기가 놓여 있고, 직원들이 언제나 편하게 쉴 수 있는 휴식공간에는 고급 커피 머신과 안마의자가 있다. 거래처 사람들은 사무실이 너무 예쁘다고 칭찬하고, 깔끔한 미팅룸에서 비즈니스 이야기도 성공적으로 마무리한다. 내가 상상하는 5년 후 내 사무실이다. 잠들기 전 이런 행복한 상상을 하며 자리에 눕는다. 상상은 자유니까!

처음 사업자등록을 하고 나서는 '대표'라는 호칭이 너무 어색하고 민망했다. "와, 이제 대표님이네?" 하는 소리가 얼마나 부담이 되었던지. '대표'보다 '강사님'으로 불리고 싶어서 '대표 강사'라는 직함의 명함을 사용했다. 완벽하게 준비되지 않으면 실행에 옮기기 두려워하는 성격 때문인지도 모르겠다. 업무상 필요해서 사업자등록을 한 것일 뿐, 달라지는 건 아무것도 없다고 생각했다. '내가 대표라는 말을 들을 만한 자격이 있나?'라고 곱씹으며 괜히 스스로 위축되었다.

시간이 지나면서, '대표'라는 호칭도 이제는 제법 익숙해졌다. 호칭에 익숙해진 만큼 대표로서 챙겨야 할 것들에 대해서도 어느 정도 머릿속에 자리가 잡혔기 때문에, 1인 기업을 운영하며 비용 절약에 도움을 받았던 요소들을 이야기해 보려고 한다.

일반 직장인이라면 업무에 사용하는 비용을 회사에서 정산해 주겠지만, 1인 기업은 비용을 사용하는 사람도, 정산해 주는 사람도 나다. 빛 좋은 개살구가 되지 않으려면 내 사업에 수익을 내기 위해 비용을 절약하는 방법을 고민해야 한다.

사업자등록을 할 때는 '소재지'가 필요하다. 소재지는 사업장의 주소인데, 임대차 계약서를 제출해야 한다. 주변에 둘러보면 본인 집 주소로 사업자등록을 하는 경우도 더러 있다. 하지만 업종에 따라 제한적이고, 추후 거래처에 사업자 등록증을 제출해야 하는 경우가 많으니 잘 생각해 보아야 한다. 내 주소가 그대로 노출되는 것은 물론이고, 거래처에 기업으로서의 전문적인 이미지를 주기도 어렵다. 별도의 사무실 주소를 마련하여 사업자등록에 사용하는 것을 추천한다.

사무실을 임대하려면 생각보다 많은 돈이 들어간다. 사업자본이 넉넉하다면 상관없지만, 처음 사업을 시작하는 1인기업에게 아무래도 사무실 임대료는 큰 부담일 것이다. 정답은 없지만, 개인의 형편과 상황에 따라 알맞은 사무실을 찾아보자.

먼저, '공유 오피스'를 살펴보자. 공유 오피스는 말 그대로 여러 기업이 함께 사용하는 사무실이다. 포털에 '공유 오피스'라고 검색하면 쉽게 찾아볼 수 있다. 유명한 공유 오피스는 대부분 지하철역 근처, 대규모 번화가 또는 오피스가에 자리 잡고 있다. 지하철역이나 번화가에 개인적으로 사무실을 얻으려면 공유 오피스 사용료와는 비교할 수 없이 큰돈을 지출해야 한다. 입지조건이 좋아 거래처와 업무미팅을 하기 편하고, 주변 인프라를 활용할 수 있다는 것이 큰 장점이다.

공유 오피스는 월 사용료(또는 일부 보증금 추가)에 관리비가 포함된 경우가 많다. 복합기, 탕비실, 냉난방기, 화장실 등을 이용할 수 있어서 비용을 많이 절약할 수 있다. 입주한 기업들끼리의 커뮤니티를 지원하기도 하고, 다른 지역에 있는 사무실을 함께 사용할 수 있는 옵션도 있다. 쾌적한 환경에서 업무를 할 수 있어서 창업을 희망하는 사람들에게 인기가 많다.

공유 오피스는 보통 자유석, 지정석으로 구분되어 있다. 자유석의 경우 별도의 지정된 좌석 없이 일정 구역을 사용할 수 있는 방식으로 운영된다. 매일 사무실에 나가지 않아도 되는 업무라면 자유석을 이용하는 것이 저렴하다. 지정석은 1인~6인 이상까지 공유 오피스의 규모에 따라 다르다. 공간의 배치와 채광 등을 확인하기 위해 홈페이지 속 사진만 보고 결정하지 말고 꼭 직접 방문해 보아야 한다.

지자체나 정부에서 운영하는 창업지원센터를 통해 사무실을 임대하면 공유 오피스보다 비용을 더 아낄 수 있다. 2019년 10월, 나는 인천 테크노파크에서 운영하는 지원기관에 입주하면서 1인 기업으로의 본격적인 활동을 시작하게 되었다. 처음에는 공유오피스에 들어갈 생각이었지만, 매월 몇십만 원씩 고정으로 들어가는 비용이 생각보다 큰 부담이었다. '1인 창조기업 지원센터'를 알게 된 것은 지금 생각하면 정말 행운이었다. 집에서도 가깝고 비용도 굉장히 저렴했기 때문이다. '나에게 이런 기회가 올까?' 반신반의하는 마음으로 지원서를 작성하기 시작했다. 입주 지원서를 작성하면서 내가 하고자 하는 사업의 내용과 대표인 '나'에 대해 정리할 수 있었다.

감사하게도 좋은 결과를 얻어 '1인 창조 기업지원센터'에 예비창업자로 입주하였고 안정적인 사무실이 확보되었기에 계획대로 사업자 등록을 할 수 있었다. 위와 같은 창업지원 기관은 각 시, 도 지역마다 다양한 이름으로 운영되고 있다. 기관마다 다르지만, 사업계획서와 대표자 이력서 등의 서류가 필요하고 때에 따라 면접이 진행되기도 한다. 입주 후 일정 기간 안에 사업자등록을 하는 조건으로 예비창업자에게도 기회가 열려 있다. 머릿속에 사업계획이 어느 정도 확보되어 있다면 도전해보자.

1인 창조 기업지원센터에서 2년을 보내고 인천광역시 미추홀구 문화콘텐츠 산업지원센터로 자리를 옮기게 되었다. 문화콘텐츠 산업지원센터 역시 지자체에서 운영하는 지원공간이다. 1인 창조 기업지원센터와 다르게 입주 시 대표자의 프레젠테이션이 있었다. 센터장님과 관계자분들이 심사위원으로 참여하셨고 그동안의 사업 내용과 향후 계획 등을 발표했다. 매일 기업에서 강의하는 게 직업인데도 사업계획을 발표하는 자리는 너무나 긴장이 되어 어떻게 지나갔는지도 잘 모르겠다.

정부나 지자체에서 운영하는 창업지원 공간에 입주하는 것은 비용 면에서 큰 도움이 되기 때문에 초기 창업자에게 꼭 추천하고 싶다. 현재 내가 입주해있는 기관의 1년 치 임대료는 유명 공유 오피스 1인 공간의 1개월 임대료보다 저렴하다. 사업계획서를 쓰고 프레젠테이션을 하는 수고로움을 감수하고라도 도전할 가치가 있다.

입주자들을 위해 사업에 관련된 교육을 열어준다는 것도 혼자 사업을 운영해 나가는 1인 기업에 큰 도움이 되는 부분이다. 세무, 노무 관련된 부분은 물론이고 최근에는 공공입찰에 관련된 교육을 들었다. 하나의 교육프로그램을 듣는데도 비용이 발생한다. 그리고 어디 가서 듣는 것이 합리적일지 많은 고민을 하게 되는데, 기관에서 마련해 주는 엄선된 교육을 비용 없이 듣는다는 것은 큰 장점이 아닐 수 없다. 입주자들에게 필요한 부분에 대해 설문 조사도 하고 적극적으로 도움을 주고 있으니 사업을 운영하고자 하는 지역, 또는 내가 거주하는 지역을 중심으로 어떤 지원기관이 있는지 확인해 보자.

사무실 임대에 관한 내용을 주로 설명했지만, 그 외에도 창업자를 지원해 주는 정책은 매우 많다. 지식창업이 아닌 제품을 생산해야 하는 업종이라면 샘플 개발 비용을 지원받을 수도 있고, 홈페이지를 만들거나 홍보물을 제작하는 마케팅 비용을 지원받기도 한다. 판로를 새로 만들어 주거나 알맞은 교육을 제공하기도 하니 관심 있게 지켜보면서 나에게 도움이 될만한 것들을 찾아보는 것이다.

'K-startup 창업지원 포털(www.k-startup.go.kr)' 에 들어가면 정부에서 창업기업을 지원하기 위해 진행하는 수많은 공고를 찾아볼 수 있다. 사무실이나 스튜디오 등 공간을 지원받기 원한다면 '입주기업 모집공고'를 검색해 보면 된다. 지역별, 지원 분야별, 대상이나 나이, 창업 기간 등으로 세분화하여 확인할 수도 있으니 꼭 한번 찾아보기 바란다.

1인 기업을 운영하면서 창업 컨설턴트님을 만난 적이 있는데, 정부에서 운영하는 시설에 입주했다는 것은 이미 소정의 검증을 통과한 것이기 때문에 나중에 다른 지원 사업에서도 좋은 평가를 받을 수 있다고 한다. 사업계획서를 쓰는 것에 너무 겁먹지 말고 내가 할 수 있는 것 먼저 도전해보자. 비용을 아낀다는 것은 생각보다 1인 기업 강사에게 큰 힘이 된다. 작은 시작이 또 다른 기회를 가져오고, 내 사업의 성공에 한걸음 가까워질 수 있기 때문이다.

# 다들 경력직 찾으면, 나는 어디에서 경력을 쌓지?

호기롭게 회사를 나와 프리랜서 활동을 하면서 내가 먼지처럼 작은 존재라는 생각이 들었다. "○○그룹 다녀요.", "아, 직급은 과장이에요."라고 아무 생각 없이 하던 내 소개가 나를 다른 사람에게 인식시키는 굉장한 무기였다는 사실을 깨달았다.

강의 분야에 따라 차이는 있겠지만 강사로 출강하기 위한 장벽은 생각보다 그렇게 높지 않다. 장벽이 높지 않다는 것은 그만큼 이미 많은 사람이 하고 있다는 얘기다. 특히 내가 처음에 들고나온 CS(고객서비스)와 이미지메이킹 콘텐츠는 더욱 그러했다. 승무원, 아나운서, 호텔리어 경력에 심지어 박사 학위를 갖고 계신 강사님들까지, CS 강의를 하는 사람들은 정말 많았다.

강사가 되고 싶어 처음에 찾아갔던 강사양성아카데미에서는 한 달에도 몇백 명씩 수료생들을 쏟아냈다. 수료만 하면 마치 장밋빛 미래가 열릴 것처럼 예비강사들을 현혹한다. 그러나 현실은 아무도 도와주지 않는 가시밭길이며, 이곳을 헤쳐나가는 것은 오로지 본인의 의지와 행동력에 달렸다.

강사가 섭외를 받는 방법은 크게 두 가지가 있다. 컨설팅회사 등의 중간 업체를 통해 연결받는 방법, 그리고 고객사에 직접 섭외를 받는 방법이다. 규모가 큰 컨설팅회사들은 대기업, 공공기관 등을 거래처로 확보하고 있다. 출강하게 된다면 초보 강사에게 좋은 경력이 될 수 있다. 강의 만족도가 좋으면 섭외가 계속 이어지니 나와 잘 맞는 컨설팅회사와 좋은 관계를 유지하는 것은 강사에게 매우 중요한 일이다.

다만 컨설팅회사를 통한 연결은 보통 일정 비율의 수익을 나누는 형태로 이루어진다. 그러니 내가 일한 것에 대한 수익을 온전히 보존하기 위해서는 나에게 직접 연락하는 거래처가 생겨야 한다.

처음에는 시장의 이런 구조를 알지 못했기 때문에, 컨설팅회사에서 모집하는 프리랜서 강사에 지원하여 파트너 강사 형태로 강의를 시작하게 되었다. 파트너 강사는 회사에 소속된 직원이 아니므로 여러 곳과 관계를 맺고 일을 할 수 있다. 또는 한 회사와만 계약해서 그 업체의 강의를 우선으로 해야 하는 때도 있으니 계약 전 내용을 잘 살펴야 한다.

강사에게는 출강경력이 너무나 중요하다. 강사의 이력서 격인 강사 프로필을 만들면서 나는 또 한 번 작아졌다. 10년이 넘는 직장경력이 있었지만, 강사 세계에서의 나는 수많은 신입 중 한 명이었기 때문이다.

회사 경력과 아카데미에서 취득한 자격증 목록 말고는 적을 내용이 없었다. 조직 생활과 외식사업운영에 대해 강의를 하고 싶었지만, 경력이 없으니 명함을 내밀기가 어려웠다. 강의를 맡겨준다면 누구보다 잘 해낼 자신이 있는데, 내가 믿을만한 사람인지 어떻게 증명해야 할까? 서류 한 장을 보고 나를 선택하도록 만들기 위해 짧은 시간에 최대한 많은 출강경력을 확보하는 것이 관건이었다.

시작 후 6개월 동안은 섭외 요청에 무조건 응했다. 40분의 강의를 하기 위해서 5시간 이상 이동하는 것도 개의치 않았다. 보령, 수안보, 대구, 무주, 전주, 울산, 부산, 제주… 6개월 사이에 참 많은 지역을 다녔다.

한번 주어지는 강의 자리도 너무 소중했기 때문에, 절대 허투루 할 수 없었다. 불볕더위에도 정장 셋업과 하이힐을 갖추었고 누구를 만나든지 공손한 태도와 웃음을 잃지 않았다. 강의가 끝난 후에는 교육생들의 강의 후기를 꼭 챙겨 받아 부족한 부분을 보완하였다.

강의하는 나의 모습을 사진과 영상으로 남기는 것에도 최선을 다했다. 강사는 보통 혼자서 강의 현장에 가는 경우가 많아 사진을 남기기가 쉽지 않다. 담당자에게 "사진 좀 찍어서 보내주실 수 있나요?"라고 부탁하는 것을 잊지 않아야 한다. 마음에 드는 사진이 없을 때도 많았지만, 기업 홍보팀에서 고급 카메라로 촬영을 해 주셔서 꽤 괜찮은 사진을 건진 적도 있다. 기업이나 기관 로고가 있는 곳에서라면 꼭 사진을 남겼고, 포토월이 있는 행사에서 특강을 할 때는 어색하지만 포즈도 잡아보았다. 그렇게 6개월 동안 전국을 열심히 달려, 텅텅 비어있던 나의 강사 프로필 뒷장을 강의 사진으로 가득 채웠다.

컨설팅회사를 통해 대부분의 섭외를 받다가 처음으로 내가 기획해서 진행한 강의가 있었다. A 백화점 문화센터에서 진행한 강사박람회에 강의계획서를 제출했는데, 3개의 지점에서 특강을 열 수 있게 된 것이다. 담당자와의 첫 미팅 기억이 아직도 생생하다. 강의 시간은 100분, 5~15명의 교육생과 진행하는 몇 차례의 특강이었다. 백화점 문화센터는 강사료 지급 구조에 따라 수강료를 문화센터와 강사가 나누어 갖게 된다. 인원이 적게 모집되어서 강사료가 채 3만 원이 되지 않는 날도 있었다. 집에서 먼 곳이라 교통비와 식비를 빼면 남는 것도 없는 이 강의를 나는 정말 열심히 준비했다.

주어진 시간 안에 교육생이 최대한 많은 실습을 할 수 있도록 구성하고 여행용 가방에 직접 만든 스티커와 인쇄물 등 각종 교구를 가득 챙겨갔다. 교육생에게 문화센터 특강의 장점은 무엇보다 저렴한 수강료다. 수업 후기에는 "이 가격에 이런 수업을 들을 수 있다니! 정말 유익했어요."라는 내용으로 가득했다.

A 백화점 3개 지점에서 시작된 강의는 다음 학기 5개 지점으로 확

대되었고 백화점 VIP 고객과 기업고객을 위한 대형세미나로 연결되었다. B 백화점, C 백화점에서도 섭외 연락이 왔다. 원래 강사로서 목표했던 곳이 문화센터가 아니었기 때문에 기업 강의 섭외가 점차 늘어나면서 자연스럽게 정리하게 되었지만 스스로 노력해서 이루어 낸 첫 성과이기에 귀하고 반짝이는 기억이다.

백화점 문화센터에서 시작한 콘텐츠는 몇 년이 지난 지금 민간자격증 취득과정으로 업그레이드된 나의 대표 콘텐츠이다. 지금은 강사양성과정을 통해 전문강사를 양성하고, 우수 강사와는 파트너십을 맺어 파견도 하고 있다. 3만 원 받던 수강료도 어마어마하게 올랐다. 몇 년새, 수십만 원의 수강료를 내고 찾아와서 듣는 콘텐츠로 성장시킬 수 있었던 이유는 과연 무엇일까?

많은 인원이 모이는 기업교육과 달리 소규모의 특강을 여러 번 진행하며 교육생의 반응을 가까운 곳에서 생생하게 확인할 수 있었다. 여기서 생긴 크고 작은 시행착오는 나만의 비법이 되었다. 출강할 때마다 찍어두었던 사진과 짧은 영상들은 홍보자료가 되어 더 좋은 강의를 할 기회를 가져다주었다.

교구가 가득 들어있는 여행용 가방을 끌고 늦은 밤 시외버스에 몸을 실으면, 때로는 허무함이 파도처럼 밀려왔다. '멀쩡한 회사를 그만두고 나는 왜 이 고생을 하지?' 하지만 강사료 3만 원짜리 작은 특강에 영혼을 갈아 넣었던 그 시간을 후회하지 않는다. 시절이 쌓이고 쌓여 지금의 내가 되었다는 것을 잘 알고 있기 때문이다.

# 모든 경험이 콘텐츠가 되는 세상

강사로 살다 보니 주변에 대단한 사람들이 많다는 것을 시도 때도 없이 느끼게 된다. 공부를 많이 한 사람, 유학을 다녀온 사람, 여러 권의 책을 쓴 사람, 좋은 회사에 다녔던 사람……

뛰어난 사람들 사이에서 중심을 잡고 버티려면 내가 잘할 수 있는 콘텐츠가 있어야 한다. 콘텐츠에 대해 고민하고 있다면 아무래도 내가 경험했던 것 중에서 찾아보는 것을 추천한다. 경험을 콘텐츠로 만들면 자신 있게 강의하는 데에 큰 도움이 된다. 자신감 있는 강사의 태도는 신뢰를 높인다. 신뢰받는 강사는 청중을 강의에 몰입하게 하고, 두터운 공감대를 형성할 수 있다.

내가 강의하는 몇 가지의 콘텐츠 중에 식음료 매장을 운영하는 소상공인을 위한 강의가 있다. 현장 근무를 오래 했던 나에게 소상공인분들을 만나는 것은 의미 있는 일이다. 그래서 강사료에 상관없이 일정을 최대한 맞추려고 한다. 예비 창업자, 골목상권 사장님들이 주로 들으러 오시고 고객 응대부터 시작해서 매장 위생관리, 직원 관리와 육성, 경영관리 등 매장 운영에 대한 많은 내용이 포함된다. 섭외가 이어지고 내 강의가 좋은 평가를 받을 수 있는 가장 큰 이유는 경험에서 비롯된 콘텐츠로 강의하기 때문이다.

처음 패밀리레스토랑에서 아르바이트를 시작했을 때의 시급이 2,700원 정도였던 것으로 기억한다. 3년이 넘는 시간 동안 아르바이트 생활을 하면서 자리 안내, 주문받기, 음식 제공하기 등의 기본적인 서비스만 한 것은 아니다. 주방 뒤에서 했던 음식 찌꺼기 처리, 오픈 전 식자재 배송 검수, 시간대마다 고객 화장실 청결 상태 점검하기 등 오랜 기간 근무하며 속속들이 알게 된 현장의 뒷모습은 소중한 나의 경험 자산이다.

현장 직원들에게 강의할 때는 오픈 전 청소를 하면서 매니저님 몰래 빵과 쿠키를 먹고, 새벽까지 아이스크림 기계를 닦다가 택시를 타고 집에 돌아왔던 아르바이트생 오하나의 이야기를 한다. 사장님이나 관리자 대상의 강의를 할 때는 무단결근한 아르바이트생 때문에 3주 동안 휴무 없이 일했던 오하나 점장의 시절로 돌아간다. 강의 중간에 나누는 시시콜콜한 대화들을 통해 교육생들은 강사에 대한 마음의 빗장을 서서히 열고 강의에 더욱 집중한다.

첫 회사에 입사한 후 나는 무려 6년이 넘도록 보직 이동을 하지 못했다. 회사 분위기상 2~3년 정도 현장근무를 하고 지원부서로 이동하는 것이 일반적인 일이었다. 결혼과 출산, 육아휴직 등 개인적인 이유가 맞물린 것도 있었지만 현장 근무가 길어질수록 주변에서는 걱정스러운 눈빛으로 나를 바라보았다. 매장 생활이 적성에 잘 맞고 즐거웠던 나였지만, 초조하지 않다면 거짓말이었다. '나는 언제쯤 본사로 들어갈 수 있을까?', '매장 점장으로 이렇게 오래 근무한 것이 과연 내 커리어에 도움이 되는 것일까?' 결과적으로 말하면 아주 큰 도움이 되었다. 현장 경험이 있다는 것 그 자체가 나에게는 큰 스펙이 된 셈이다.

강사로 활동하고 3년 정도가 지난 후, 내가 다녔던 회사에 외부 강사로 섭외를 받았다. 전화를 받았을 때의 기억이 생생하다. 활동하는 수만 명의 강사 중 나를 섭외한 이유는 무엇일까? 그곳을 가장 잘 이해하고 잘 아는 '현장통(通)'이기 때문이다.

회사 직원이 아닌 전문강사로 교육장 입구에 들어섰다. 교육을 받기 위해 수도 없이 들락거리던 장소였지만 낯설고 묘한 기분이 느껴졌다. 강사로 활동하며 '내가 다녔던 회사에 다시 가서 강의하면 어떤 기분일까?'라는 생각을 한 적이 있었다. 생각보다 빨리 현실로 이루어진 나의 상상. 모두가 걱정했던 나의 오랜 현장 생활은 결코 헛된 것이 아니었다. 그 사실을 확인받는 순간이었다.

그리고 또 얼마의 시간이 지나 다시 섭외된 나는 특강을 열게 되었고, 홍보물이 회사 인트라넷에 게시되었다며 입사 동기들이 애정 가득한 문자를 보내주었다.

"성공해서 다시 돌아오다니!"

"우린 모두 너를 부러워해. 네가 정말 자랑스러워!"

사실 아직 이런 말을 들을 정도가 아니라는 것을 너무나도 잘 안다. 하지만 옛 동료들에게 강사로서 인정받은 것 같아 너무 행복했다. 여기서 울고 웃었던 10년의 날들이 없었다면 강의를 하는 오늘의 나도 없었을 것이다.

코로나19의 유행으로 사회적 거리 두기가 시행되며 기업체와 기관, 학교에서 하던 집합 교육이 모두 중단되었다. 어려운 시기에 위기를 극복할 수 있었던 것도 경험에서 우러나온 콘텐츠 덕분이다. 유례없던 코로나19의 유행으로 전 국민이 위기를 맞았고, 나를 비롯한 대부분의 기업교육 강사들도 힘든 시기를 보냈다. 서비스교육, 조직 커뮤니케이션, 이미지메이킹 등 주요 콘텐츠에 대한 강의들이 취소되고 무기한 연기되었다.

어느 날 위생교육을 해 줄 수 있냐는 문의가 들어왔다. 감염병이 유행하니 전국민적으로 개인위생을 비롯한 각종 위생교육에 대한 수요가 생겨난 것이다. 식음료, 숙박 시설, 자원봉사자 등을 대상으로 위생교육을 하기 시작했다. 갑작스러웠지만 다행히 오랜 시간 현장관리를 해왔기 때문에 업무에 바로 적용할 수 있는 실질적인 강의를 할 수 있었다. 기존에 진행하였던 서비스교육과 위생관리 교육 콘텐츠를 하나로 묶어 섭외에 응했고 점차 요청이 불어났다. 매장에서 일한 경력은 있었지만, 위생관리에 대한 전문적인 지식도 필요했다. 발 빠르게 한국식품정보원 KFI의 '식품위생 관리사' 자격증을 취득하였다.

서비스 교육을 하는 강사는 정말 많지만, 위생관리 교육까지 함께 소화할 수 있는 강사는 아주 소수였기 때문에 경쟁력이 있었다. 수도권을 비롯하여 강원도, 충청도, 전라도, 경상남도에서까지 강의 요청이 들어오기 시작하니 혼자서는 도저히 소화하기 어려울 정도였다. 강사로 활동하면서, 한 번도 위생관리 교육을 주요 콘텐츠로 생각해 보지 않았다. 주변 환경의 변화와 요청으로 우연히 시작하게 되었지만, 현장에서 갈고 닦은 경험이 있었기 때문에 잘 해낼 수 있었다.

'경험이 재산'이라는 말, 특히 강사에게는 너무나 중요하다. 내가 경험한 것이기에 더욱 잘 설명할 수 있고 상대방과 공감할 수 있다. 혹시 다른 사람이 경험하지 못한 새로운 경험이 나에게 있다면 그 경험은 콘텐츠로서의 가치가 충분하다.

"나는 그냥 평범하게 살아왔는데, 평범한 경험도 콘텐츠가 될 수 있을까요?"라고 생각하는 사람도 있을 것이다. 결론부터 말한다면 "Yes!" 평범하다 못해 지루하다고 생각했던 나의 회사 생활도 '비즈니스 커뮤니케이션'이라는 이름의 강의 콘텐츠가 되었다. 이 콘텐츠에서는 비즈니스, 즉 업무 상황에서 하는 커뮤니케이션으로 비즈니스 매너, 협업을 위한 소통, 비즈니스 문서 작성 등 주로 회사에서 이루어지는 상황을 다룬다. 얼마 전 A 회사의 신입사원 입문교육을 진행하게 되었는데, 교육 담당자님은 사전 미팅에서 이런 부탁을 하셨다.

"10년이나 회사에 다니셨잖아요? 대표님께서 회사 생활을 하시면서 힘들었던 부분을 어떻게 극복하고 버텨냈는지 많이 얘기해 주셨으면 좋겠어요."

고객사에서 원하는 것은 10년 동안 회사 생활을 한 나의 '경험'을 나누는 것이었다. 과연 어떤 이야기를 들려주면 좋을까? 강의를 시작하기 전, 교육장에 앉아있는 70여 명의 신입사원을 물끄러미 바라보았다. 회사에서 나누어주는 단체복을 맞춰 입고 신입사원 연수에 참석했던 15년 전 나와 동기들의 모습이 떠올랐다. 함께 있는 것만으로도 에너지 넘치는 생기발랄한 신입사원들. 기대와 설렘, 두려움, 각자의 마음속에 얼마나 많은 생각이 있을까? 나에게도 그런 순간이 있었기에 이해할 수 있었다. 그만두지 못해 버틴다고 생각했던 10년이었는데, 시작하는 누군가에게 도움이 될 수 있다니 참 보람된 일이다.

회사에 다녀 본 사람은 직장생활이 곧 경험이다. 아이를 키워 본 사람은 육아가 경험이다. 여행을 가본 사람, 책을 써 본 사람, 운동을 해본 사람 모두가 나의 경험을 바탕으로 콘텐츠를 만들 수 있다.

작은 경험들이 꾸준히 쌓이면 콘텐츠로서의 진가를 발휘한다. 초보 강사 시절 내 손으로 섭외를 만들어 냈던 콘텐츠도 이제는 어느덧 5년 치의 경험이 쌓였다. 맨땅에 헤딩하는 심정으로 한 땀 한 땀 이뤄 온 콘텐츠였다. 열심히 활동하다 보니 주변에서 강의 노하우를 배우고 싶다는 강사들이 생겨났다. 혼자 시작할 때의 어려움을 누구보다 잘 알기 때문에 도움이 되고 싶었다. 물론 수익에도 도움이 될 수 있으니 나에게도 좋은 일이다.

그렇게 또 강사로서의 경험을 씨앗으로 삼아 강사양성과정과 민간 자격증 취득 콘텐츠를 시작하게 되었다. 3년째 이어지고 있는 강사양성과정 프로젝트는 콘텐츠로서의 수익뿐만 아니라 같은 방향을 향해 가는 좋은 파트너를 만들어 주고 있다.

처음 강사가 되었을 때, 내가 과연 어떤 콘텐츠로 강의를 할 수 있을까 매일같이 고민했고 지금도 계속되고 있다. 시기마다 유행하는 콘텐츠를 다 배워야만 할 것 같아 여기저기 기웃거리던 때도 있었다. 하지만 내가 가장 자신 있게 강의할 수 있는 콘텐츠는 나의 경험에서 비롯된 것이다. 왕복 4시간이 걸렸던 출근길도, 매장 공사 감독을 하느라 밤을 새웠던 날들도 모두 소중한 순간들이었다. 물론 내일이면 또 현실에 치여 "아이고, 지겨워."를 입에 달고 살겠지만 말이다.

# 멀티플레이어, 1인 기업 강사

직장생활에서 성향이 맞지 않는 상사나 동료 때문에 스트레스를 받아 본 경험은 누구나 있을 것이다. 회사를 그만두는 가장 큰 이유가 업무적인 것이 아니라 인간관계 때문이라는 통계도 있다. 1인 기업은 불편한 사람과 묶이는 정도가 직장인보다 덜하다. 본인의 성향이 집단생활에 잘 맞지 않거나 지금 직장 내 인간관계 때문에 큰 스트레스를 받고 있는가? 그렇다면 1인 기업으로 할 수 있는 콘텐츠가 있는지 고민해보자. 극심한 스트레스를 참으면서 무조건 직장에 다니는 것 만이 해결책은 아니니까. 단 1인 기업으로 활동하려면 모든 일을 혼자서 해낼 각오를 해야 한다.

"또 나 혼자 밥을 먹고 나 혼자 영화를 보고 나 혼자 노래하고 이렇게 나 울고불고……."

어느 걸 그룹의 노래가 있는데 1인 기업 강사들끼리 "이 노래 완전 우리 이야기잖아!" 하면서 농담을 주고받은 기억이 있다. 회사에서는 각 부서와 개인의 업무가 구분되어 있다. 상황에 따라 다르겠지만 주어진 업무만 잘 해결하면 큰 문제는 없다. 하지만 1인 기업은 모든 것을 혼자 해결하는 멀티플레이어가 되어야 한다.

처음에 강사가 되고 싶다는 생각을 했을 때는 그냥 강의만 잘하면 될 줄 알았다. 물론 회사에 소속되거나 파트너십을 맺고 강의에만 집중하는 강사들도 있다. 그런데 매출의 규모를 키우고 내가 원하는 방향으로 사업을 이끌어 가고 싶다면 강의 외의 다른 부분에도 신경을 써야 한다.

우선 개인적으로 섭외를 유치하기 위해 마케팅을 해야 한다. 쉽게 시작할 수 있으며 비용이 들지 않는 온라인마케팅을 추천한다. 대표적인 방법은 블로그나 SNS를 적극적으로 활용하는 것이다. 내가 하는 일을 외부에 알려야 하고 고객이 포털사이트에 검색했을 때 내 정보를 찾을 수 있어야 한다. 나는 현재 블로그와 인스타그램을 활발하게 운영하고 있다. 온라인마케팅으로 활용할 수 있는 채널은 무척 많지만, 혼자서 다 운영하기는 쉽지 않다. 먼저 대상을 정하고 그에 맞추어 1~2가지 채널을 먼저 시작해보는 것이 좋다.

기업교육 강사를 예로 들어 생각해 보자. 강사를 섭외하는 사람을 교육담당자라고 하는데, 20대 중후반~40대 초반의 연령대가 많다. 이들이 강사를 찾을 때 많이 사용하는 수단은 업무용 PC일 것이다. 사무실에서 PC를 사용해서 검색한다면, 어떤 온라인채널을 주로 활용할까? 실제로 내게 들어오는 섭외는 블로그를 통할 때가 많다. 초보 강사님들께 블로그를 추천하는 이유이다.

정기적으로 블로그에 글을 올리고 내가 강사 활동을 하고 있다는 것을 알려야 한다. 글을 올릴 때 정성을 들이면 섭외로 이어질 확률이 더욱 높다. 글을 읽으면 그 사람의 말투나 표정이 상상되고, 더 나아가 생각과 가치관 등을 알 수 있기 때문이다. 성의 없게 대충 몇 줄 적고 끝내지 말자. 강의 주제에 대한 강사의 의견, 또는 그날 강의 중 느꼈던 강사의 느낌을 더 해 주면 성의 있는 글이 완성된다.

촬영했던 사진을 여러 장 첨부하여 현장의 분위기를 느낄 수 있게 해 주는 것도 좋은 방법이다. 그림이나 사진 등 시각적인 요소는 보는 사람에게 더욱 확실한 인상을 남기기 때문이다. 포스팅 횟수에 집착하지 말고 한 개의 포스팅을 하더라도 질 좋은 글을 써서 나에 대해 표현할 수 있도록 연습해 보자.

"혹시 강사님께서 강의하셨던 영상을 볼 수 있을까요?"

블로그를 안정적으로 운영하고 있다면 영상자료를 활용할 수 있는 채널로 확장해도 좋다. 최근 교육담당자가 강사의 블로그는 물론이고 영상을 찾아보는 경우가 많아졌다. 사람들이 검색을 위해 주로 사용하는 사이트도 네이버, 구글 같은 포털사이트에서 유튜브 등의 동영상 플랫폼으로 옮겨가고 있다. 강사의 영상을 찾는 이유는 무엇일까? 바로 강사의 이미지나 말투, 분위기를 확인하고 싶어서다. 프로필 문서만으로는 그 사람을 완벽하게 파악할 수 없다는 한계 때문이기도 하다.

영상자료를 준비하고 싶다면 대표 콘텐츠에 대한 짧은 영상을 제작해 두거나 동영상 플랫폼에 포트폴리오 형태로 계속 올려두자. 필요할 때 아주 요긴하게 사용할 수 있다.

마케팅을 위해 여러 가지 채널을 사용하는 것은 모든 채널을 완벽하게 잘 운영해야 한다는 의미가 아니다. 포털에 나를 검색했을 때 많은 검색 결과가 나오게 하는 것이 목표임을 기억하자. 완벽하지 않더라도 꾸준히 하다 보면 어느 순간 게시물과 영상자료가 쌓여 나의 경력을 증명해 줄 것이다.

최근에는 비용을 들이지 않고 사용할 수 있는 영상편집, 디자인툴이 많다. 무료 프로그램이지만 쉽게 다룰 수 있고 생각보다 전문가다운 결과물을 얻을 수 있으니 관심을 가져보면 좋겠다.

마케팅도 중요하지만 1인 기업으로서의 영업 활동도 빼놓을 수 없다. 위에 언급했던 온라인마케팅을 통해 나에 대한 검색 결과를 많이 쌓아두는 동시에 실질적으로 일을 만들어 내야 한다.

1인 기업 강사나 프리랜서로 활동하는 기업교육 강사의 수가 많다 보니, 온라인을 통해 강사가 기업에 제안 할 수 있는 사이트도 이미 여러 개 만들어져 있다. 기업에서 기획하는 교육의 내용 및 비용을 게시하면, 강사가 본인의 커리큘럼을 제안하는 방식이다. 또는 앞에 언급했던 온라인 블로그나 영상을 보고 기업에서 강사에게 직접 문의를 할 수도 있다. 이때 필요한 것은 교육프로그램 제안서를 작성하는 것이다. 제안서 작성은 1인 기업 강사의 영업 활동에 아주 중요하다.

같은 주제라도 강사마다 접근하고 풀어내는 방식이 다르다. 수만 명의 강사 중 경쟁력을 갖기 위해서는 나의 강의 주제를 제안서로 만들 수 있어야 한다. 문서작성 능력을 길러두면 1인 기업 강사로서 굉장한 강점이 된다.

제안서 작성을 위해 가장 먼저 해야 할 일은 교육 대상을 파악하는 것이다. 연령대와 인원, 성별과 직급, 하는 일 등 교육 대상에 대한 정보를 파악하자. 그 후 교육담당자와의 커뮤니케이션이 매우 중요하다. 현재 문제점이라 생각하는 부분, 그리고 교육을 통해 어떻게 변화했으면 좋겠는지 담당자의 의견을 듣고 학습 목표를 설정한다. 학습 목표에 따라 강의의 흐름과 콘텐츠를 정할 수 있다.

강사마다 교육 제안서를 쓰는 방식은 다를 수 있지만 그런 가운데에도 공통적인 형식이 있다. 소주제, 주요 내용, 교수방식, 소요시간 등이다. 학습 목표에 따라 2~3개의 소주제를 정하고 주제별 주요 내용이 필요하다. 이 내용을 교육생들에게 어떤 방식으로 전달할지 강사가 계획하는 교수방식과 소요시간을 적는다. 강사가 내용을 전달하는 강의 형태가 있고, 토론, 질문과 답변, Role Playing(역할극), 게임 등 교육생이 직접 참여하며 익히는 실습형태를 예로 들 수 있다.

제안서를 작성할 때 중요한 것은 교육 대상에 알맞게 커스터마이징(Customizing, 맞춤)하는 것이다. 강사가 기업에 제안서를 내는 것은 취업 준비생이 이력서와 자소서를 내는 것과 같다. 우리 회사에 취업하고 싶다고 하면서, 다른 회사에 냈던 이력서를 그대로 복사-붙여넣기로 제출했다면 당신은 그 지원자를 채용할 것인가? 강사의 제안서도 마찬가지이다. 교육담당자는 하루에도 수십 통의 제안서를 검토한다. 다른 사람의 제안서를 그대로 베끼면 누구보다 금방 알아차릴 수 있다. 다른 회사에 제출했던 것을 그대로 내는 것은 기본적인 성의가 없는 행동이다. 전체 내용을 커스터마이징 하기 어렵다면 단 한 줄이라도 해당 기업을 위한 내용을 기획해서 적어보자. 그 한 줄이 교육담당자의 마음을 움직여 강의 섭외로 이어질 것이다.

1인 기업 강사가 할 일 중 마케팅과 영업에 관한 이야기를 주로 했지만, 사실 더 많은 부분을 혼자서 고민하고 결정해 나가야 한다. 사업계획, 결과에 대한 피드백, 재무관리, 사업운영 등 1인 기업 강사로 살기 위해서는 멀티플레이어가 되어야 한다. 내가 다 할 수 있을까 미리 걱정할 필요는 없다. 모르는 부분을 공부하고 결과물을 만들어 냈을 때의 성취감과 희열은 주어진 일이 전부였던 회사 생활과 그 차원이 다르다. 내가 원하는 것을 상상하고 구체화하며 실제로 이루어 내는 삶, 그것이 바로 멀티플레이어 1인 기업 강사의 진정한 매력이다.

# 공부하기 싫다면
# 1인 기업 강사 시작하지 마세요

기업들의 휴가와 학교 방학이 있는 7~8월, 새해맞이로 바쁜 1~2월에는 기업교육도 한숨 쉬어가는 시기이다. 이때 기업교육 강사들은 주로 무엇을 할까? 미뤄두었던 여행을 가거나 가족들과 시간을 보내는 것을 제외한다면 '공부'에 가장 많은 시간을 할애한다. 평소에 관심이 있었던 전문 과정을 듣고 자격증을 취득하거나, 다음 시즌에 강의할 내용에 대한 서적을 읽고 서로 모여 스터디 모임을 한다. 콘텐츠 개발을 위한 시간으로 사용하는 것이다. '당장 수익으로 이어지는 것도 아닌데 이렇게 매일 공부를 해야 하나?' 이런 생각이 들 수밖에 없다. 하지만 세상은 지금, 이 순간에도 변해가고 있다. 스스로 험한 풍파에 맞서야 하는 1인 기업은, 빠르게 변해가는 세상에서 살아남기 위해 똑똑해져야 한다.

강사에게 중요한 것은 콘텐츠의 전문성이다. 그러기 위해서는 현재 나의 콘텐츠를 객관적으로 인식하고 강점과 약점을 파악하는 것이 중요하다.

고객에게 내가 가진 강점을 어떻게 어필할 수 있을까 생각해 보아야 한다. 나는 현장 관리자, 직장인으로 오래 일했기 때문에 '현장성'을 내세워 나를 홍보하고 있다. 블로그의 자기 소개란에도 '서비스 현장 관리자 출신', '국내 대기업 10년 경력' 등의 문장을 적었다. 국내기업문화를 잘 이해하고 교육생의 마음에 공감할 수 있다는 강점을 전면에 내세운 것이다.

직장생활이나 고객 응대 현장을 누구보다 잘 이해한다는 강점으로 인해 강사 생활을 시작할 수 있었다. 그런데 경력이 쌓이고 점차 큰 규모의 강의를 맡게 되면서 고민이 생겼다. 나는 교육학이나 인적자원개발(HRD, Human Resource Development)에 관해 공부해 본 적이 없었다. 그저 '강사'가 되고 싶어 시작했던 일인데 점차 규모가 커지기 시작하니 감당하기 어려웠다. 전문적인 지식에 대한 갈증이 생겨났고 좀 더 깊이 있는 공부를 하고 싶어 대학원 진학을 고민하게 되었다. 적지 않은 학비와 학위 취득까지 2년이 넘게 걸리는 시간, 쉽게 결정할 수 있는 문제가 아니다 보니 거의 2년을 고민만 했다.

정신을 차려보니 어느덧 마흔 살, 더는 미룰 수 없다는 생각에 대학원에 지원하였고 2022년 3월부터 석사 공부를 시작하였다. 훌륭하신 교수님들께 듣는 대학원 수업은 배움에 대한 갈증 해소에 큰 도움이 되고 있다. 일과 병행하면서 체력적으로 힘들지만 내가 필요다고 느껴서 시작한 공부이기 때문에 동기부여도 확실하다.

강사가 되고 싶다고 해서 반드시 학위과정을 밟아야 하는 것은 아니다. 내 콘텐츠에 어떤 점이 보완되어야 하는지 스스로 분석하고 알맞은 공부를 하는 것이 중요하다. 현장관리 노하우를 활용하여 매장 운영과 위생관리에 대해 교육을 하게 되었을 때, 내가 발 빠르게 했던 공부는 '식품위생 관리'에 대한 민간자격 취득과정이었다. 현장에서 적용할 내용에는 누구보다 자신이 있었다. 여기에 내가 이 콘텐츠를 전문적으로 전달할 수 있는 사람임을 증명할 수 있다면, 즉 관련 자격증을 가지고 있다면 고객이 믿고 맡기는 데에 도움이 될 것으로 생각했기 때문이다. 내가 가지고 있는, 또는 강의하고 싶은 콘텐츠가 있다면 객관적인 시선으로 천천히 훑어보자. 어떤 부분을 적극 어필해야 하고 또 보완해야 할지 고민하다 보면 나에게 어떤 공부가 필요할지 답을 찾게 될 것이다.

두 번째, 트렌드에 대한 공부를 하자. 1인 기업은 의사결정이 빠르다는 장점이 있다. 각자의 성향에 따라 의사결정을 하기까지 걸리는 개인적인 고민의 시간은 길 수 있겠지만, 일반 사업체와 같이 상부의 결재를 얻어야만 하는 구조가 아니다. 내가 마음만 먹으면 사업의 방향을 바꿀 수도 있고 새로운 방법을 도입하여 문제를 해결할 수도 있다.

그러기 위해서는 주변을 둘러보고 유행하는 것들에 관심을 가지는 것이 중요하다. 특히 내 콘텐츠와 연관성 있는 아이템이 있다면 반드시 경험해보고 어떻게 콘텐츠와 접목할지 연구하는 자세가 필요하다.

코로나19의 유행으로 오프라인 교육이 모두 중단되었던 시기, 온라인 교육을 위한 새로운 도구들이 주목받기 시작하였다. 물론 펜데믹 이전부터 존재했던 것들이지만 환경의 변화로 ZOOM이나 Webex, 구글 미트 같은 화상회의 프로그램을 교육에 활용하게 된 것이다. 모든 집체교육이 중단된 혹독한 시기, 온라인 도구를 공부하여 자신의 콘텐츠를 온라인에 맞게 개편한 강사는 살아남았고, 두 손 놓고 기다리기만 했던 강사는 시장에서 사라졌다.

처음 마주했던 온라인 강의는 무척 어색하고 힘들었다. 자리를 이동하거나 움직이면서 할 수 있는 활동들에 제약이 생겼고, 사람들이 웹캠 앞에 가만히 앉아 몇 시간을 집중하게 만드는 것에 대한 고민이 많았다. 사람들을 집중시키기 위해서는 내가 이 도구를 자유자재로 다룰 수 있어야 했다. 사업의 존폐가 달린 일이라고 생각하니 공부하지 않을 수 없었다.

전문강사님의 강의를 찾아 들었고, 배운 것은 다음 강의에 바로 적용해 보았다. 현장에서 반응을 확인하며 조금씩 바꾸어 나가며 나만의 강의 스타일로 만들었다. 온라인 도구를 잘 다룰 수 있게 되자 점차 온라인 강의로 영역을 확장할 수 있었다. 코로나 19로 인해 집체교육이 어려웠던 상황 속에서도 A 기관의 8시간 교육과정, B 기관의 6주 교육 과정 등의 프로젝트를 해낼 수 있었던 것은 온라인 강의를 위한 도구를 열심히 연구하고 익힌 덕분이었다.

마지막으로, 1인 기업을 운영하는 데 필요한 경영, 마케팅, 세무지식에 관한 공부를 하자. 프리랜서로 일하시는 분들이 사업자등록을 두려워하는 이유가 무엇일까? 바로 위에 언급한 경영, 마케팅, 세무지식에 대한 전문지식이 없기 때문이다. 반대로 이런 내용을 전혀 고민하지 않고 덜컥 사업자등록을 했다가 피해를 보는 예도 있다. 1인 기업으로 살아가고 싶다면 사업체를 운영하기 위한 기본적인 공부가 꼭 필요하다.

"전문가에게 맡기면 되는데 내가 왜 공부를 해?" 물론 여유가 된다면 맡기는 것도 좋지만, 내가 알고 맡기는 것과 전혀 모른 채 맡기는 것에는 큰 차이가 있다. 기업교육 강사로 활동하는 나는 '교육 서비스' 업종의 일반과세자이다. 업무 중 필요한 세무지식으로는 부가세 관리와 세금계산서 발행, 소속 강사님들과 협업을 하기 위한 원천세 관리, 종합소득세 신고를 위한 기장 관리나 경비관리, 민간자격증 등록을 위한 등록면허세 관리 정도이다.

이제 매출의 규모가 커지면서 전문가에게 위탁하였지만, 그 전까지의 모든 세금 업무는 서툴지만 내가 직접 했다. 왜 그랬을까? 숫자와 친한 사람이라서? 절대 NO! 세금을 언제 어떻게 내야 하고, 어떤 세금이 얼마나 나가는지 알고 싶었기 때문이다. 기업에 회계 담당자가 있는 것과 같이, 1인 기업 대표라면 내 사업에 관련된 돈의 흐름을 모두 알아야 한다.

세금 관련된 용어가 처음에는 어렵겠지만 익숙해져야 한다. 어디로 돈이 나가는지 알지 못하면 소중한 내 수입이 새어나갈 수 있기 때문이다. 담당 세무사가 없다고 걱정할 필요 없다. 사업장 담당 세무서에 전화로 문의하면 친절한 상담을 받을 수 있다. 또는 홈택스 게시판을 통해 상담을 요청하면 서면으로 답변을 받을 수 있으니 이용 해 보자.

경영과 마케팅도 계속 공부해야 할 요소들이다. 콘텐츠를 판매하는 강사도 손익개념이 있어야 한다. 내가 이 콘텐츠를 준비하면서 사용한 시간과 비용, 강의하러 갈 때 사용하는 교통비와 식비 등 기본적인 비용과 원가에 대한 개념을 익히자. 그래야 콘텐츠의 적절한 가격을 산출해 낼 수 있기 때문이다. 손해 보는 장사를 하지 않으려면 공부를 해야 한다. 내가 쓰고 있는 사업비용에 대해 쭉 적어보고, 수익을 개선할 수 있을 방법을 고민하자.

몇 년 전, 내가 회사에 근무할 때만 해도 새로운 매장을 개점하면 홍보 담당자는 전단을 제작해서 인근에 돌렸고, 사람들은 전단 속 행사 내용과 약도를 보고 매장에 찾아왔다. 하지만 최근 진행한 서울 모 교육원의 교육 프로그램을 기획하며 내가 만든 홍보물은 전단이 아닌 SNS 게시물이다. 교육생들은 전단이나 현수막이 아닌 인스타그램 피드를 보고 과정에 등록했다. 앞서 말했지만 2019년부터 가장 많은 섭외가 왔던 통로는 블로그였다.

트렌드를 유심히 지켜보고 공부해야 한다고 말했는데, 트렌드는 산업 모든 영역 특히 마케팅에 태풍급 영향력을 행사한다. 1인 기업 강사가 생존하려면 마케팅을 잘해야 한다. 사람들이 사용하는 매체, 자주 가는 곳, 소비하는 것에 관심을 가져보자. 그리고 여기에 나를 홍보할 방법을 구상하자. 1인 기업, 특히 강사는 '나'를 판매해야 하는 사람들이다. 나를 가장 잘 아는 사람은 바로 나다. 남에게 맡기기 전에 스스로 공부하고 실천하자. 잘 모르고 실수하는 것 또한 공부가 될 수 있다.

# 마음도 스스로 지키는 1인 기업 강사

하고 싶은 일을 찾아 하나씩 헤쳐나가는 1인 기업 강사의 삶. 보기 싫은 상사를 매일 마주치지 않아도 되고 내 일정도 스스로 조율하니 얼마나 자유롭고 행복할까 생각하기 쉽다. 실제로 나도 1인 기업으로 어느 정도 자리를 잡으면서 딸아이의 등굣길을 매일 함께 가줄 수 있다는 것에 큰 행복감을 느끼고 있다. 그렇지만 1인 기업 강사로 사는 것은 그렇게 녹록지 않다. 고민을 거듭하다 선택한 이 방법이 맞는지, 올바른 방향으로 잘 가고 있는 것인지 때로는 누군가가 옆에서 알려주었으면 좋겠다. 1인 기업은 좋은 성과가 있을 때 노력에 대한 보상과 스포트라이트를 내가 오롯이 받을 수 있다. 하지만 실수를 해서 일을 그르쳤을 때의 책임 또한 온전히 나의 몫이다. 내 성과를 가로챌 얄미운 선배도 없지만, 함께 상사를 욕 해 줄 동료나 울타리가 되어 줄 회사

이름도 없기 때문이다.

사람은 좋은 일이 생겼을 때도 스트레스를 받는다고 한다. 취미로 갖고 있던 일이 너무 좋아서 직업으로 삼았더니 오히려 스트레스가 되어 힘들어하는 경우도 주변에서 많이 볼 수 있다. 큰마음 먹고 1인 기업을 시작하였다면 몸도 마음도 건강히 관리해야 한다. 그래야 오랫동안 즐겁게 일을 할 수 있기 때문이다. 필요에 따라 여러 가지 직무로 변신하는 멀티플레이어 1인 기업, 이번엔 대표인 나를 지키기 위한 정신력 주치의가 되어 처방을 내려보자.

먼저 같은 일을 하는 사람들과의 커뮤니티를 만드는 것이 필요하다. 혼자 사업을 해나가는 것이 핵심인데 갑자기 커뮤니티를 강조하다니, 어리둥절한 생각이 들 수 있다. 하지만 '커뮤니티'라는 단어에 너무 부담을 가질 필요는 없다. 거창하게 모임을 만들고 정기적으로 사람들을 만나야만 커뮤니티가 아니다. 여기서 말하는 커뮤니티는 일의 크기를 확장하고 마음의 위로를 받을 수 있는, 마음이 맞는 사람과의 교류를 의미한다. 두세 명의 인원이 모이는 것으로도, SNS나 온라인을 통해 잠시 대화를 나누는 것으로도 충분하다. 같은 일을 하는 1인 기업이 모여 커뮤니티가 되면 생각보다 큰 시너지를 낼 수 있다.

사업자등록을 하고 나서 얼마 지나지 않아 모 기관에서 진행하는 교육프로그램의 강사 모집공고를 보게 되었다. 지역 내 청년을 대상으로 하는 프로그램이었는데, 같은 지역에 거주하는 강사가 2인 1조로 지원서를 제출해야 했다. 1인 기업 강사이지만 이 프로그램을 꼭 해 보고 싶었던 나는 내 강의를 들었던 교육생이자 프리랜서 활동을 막 시작한 J 강사님께 용기를 내어 손을 내밀었다. 마침 우리는 서로 가까운 거리에 살고 있었고, 이번 프로젝트를 잘 해낸다면 앞으로도 다양한 일들을 함께할 수 있을 것이라는 생각 때문이다. J 강사님이 기쁘게 응해 주신 덕분에 프로그램 기획 단계부터 함께 일할 수 있었다. 프로젝트를 좋은 결과로 마친 것은 물론이고, 이 경험은 우리가 여러 기관과 기업에 출강하는 밑거름이 되었다. 6주라는 긴 시간 함께 프로젝트를 하면서 너무나도 가까워졌다는 것도 큰 수확이다. 이런 과정을 통해 스스럼없이 고민을 나누고 서로를 언제까지나 지지하는 든든한 사이가 되었다고 자신 있게 말할 수 있다.

1인 기업 강사로서 매출 규모를 키우기 위해서도 커뮤니티의 도움은 필수적이다. 업종에 따라 다르겠지만 혼자서 모든 역할을 하기에 벅찬 일들이 생기기 마련이다. 1인 기업은 일반 기업과는 달리 필요에 따라 만났다가 해산하는 프로젝트성 업무를 하기에 매우 좋은 구조이다. 기업교육 강사는 업무의 특성상 프리랜서나 1인 기업이 많다. 이들의 커뮤니티는 서로 성장하는 통로가 될 수 있다. 성격 성향과 업무 스타일이 잘 맞는 조합, 또는 나에게 부족한 부분을 보완할 수 있는 커뮤니티를 추천한다. 나의 사업도 초창기에는 개인적으로 출강하는 업무가 주를 이루었지만, 현재는 파트너십을 통해 역할 분담을 하는 경우가 많이 생겼다. 업무를 분담하고 수익도 나누는 형태이다. 한정된 시간에 훨씬 많은 일을 할 수 있고 규모가 큰 사업을 진행하니 사업체의 매출을 키울 수 있다는 장점이 있다.

커뮤니티는 1인 기업 커리어의 성장에 도움을 줄 뿐만 아니라 정서적인 안정에도 큰 도움을 준다. 일로 만난 사이라서 깊이가 없을 것 같다고? 같은 일을 하는 사람들은 누구보다 서로를 깊이 공감하고 이해할 수 있다. 기업교육 강사들은 대체로 배움에 대한 열정이 가득하고 콘텐츠 개발에 대한 고민이 많다. 공통의 관심사와 고민을 바탕으로 함께 공부하기도 하고, 좋은 의견을 나누면서 서로 성장해 나가는 원동력이 된다.

강의 경력이 차곡차곡 쌓이다 보니, 1인 기업 강사 또는 기업교육 강사를 꿈꾸는 강사 준비생이나 초보 강사님들에게 강의하는 자리가 제법 생겼다. 처음 시작하는 두려움을 누구보다 잘 알기 때문에, 교육생들의 요청이 있다면 강의 중에 사용하는 자료도 대부분 나누어 드린다. 필요한 교구를 무상으로 빌려드리기도 하고, 개인 시간을 할애하여 피드백을 드리거나 궁금한 내용을 해소해 주기 위해 최대한 노력하고 있다. 사람들은 나에게 왜 그렇게까지 정보를 나누어주느냐고 묻는다. 언젠가는 경쟁자가 되어서 나를 위협할 수도 있는데 말이다. 시작하는 강사님들에게 도움을 주고 싶은 이유는 그들과 내가 또 다른 커뮤니티가 될 수 있다고 생각하기 때문이다.

서로 정보를 공유하고 소통하다 보면 그 사람에 대해 알아갈 수 있다. 상대방이 잘할 수 있는 것에 대해 파악하고 함께 할 수 있는 일을 만들어 내는 것이 커뮤니티다. 자유롭지만 외로운 1인 기업, 같이 일하고 마음을 나눌 수 있는 커뮤니티는 무엇보다 큰 버팀목이다. 나를 이해하고 지지하는 사람들의 응원은 힘들 때 큰 힘이 된다.

1인 기업으로 살면서 또 중요한 한 가지는 일과 생활의 구분이다. 먼저, 업무 공간을 구분하자. 1인 기업은 내가 일하는 곳이 곧 사무실이다. 업무를 하는 공간이 정해져 있으면 업무를 체계적으로 해내는 데 큰 도움이 된다. 사무실에 출근해도 좋고, 사무실이 없다면 집 근처 좋아하는 카페에 가도 좋다. 집에서 일하고 싶다면 침대에 누운 채로 노트북을 펼치는 것보다 서재나 거실에 업무 공간을 마련하면 된다. '내가 일을 하는 공간'이라고 내 머릿속에 인식을 시켜 주고 업무의 효율을 높이도록 노력해보자.

사무실을 가지고 있다면 규칙적으로 출퇴근을 하는 습관을 들이도록 하자. 내가 대표이자 직원인데 출근을 안 한다고 누가 뭐라고 하겠는가? 스스로 신경 쓰지 않으면 편안함에 익숙해져 업무 패턴을 놓치고 만다. 처음 사업을 시작했던 1인 창조 기업지원센터는 우리 집에서 걸어서 10분 거리였다. 회사에 다니던 시절 무려 2시간이 걸리는 서울 양재동까지 지각 한번 해 본 적이 없는 나였다. 그런데 이게 웬일? 집에서 10분 거리의 사무실에 출근하기 위해 집을 나서는 것은 정말 고욕이었다. 혼자 일을 한다는 것은 굉장히 자유롭고 편하지만 스스로 그 게으름의 무게를 떨쳐내고 업무 루틴을 잡는 것이 생각보다 쉽지 않다.

업무 공간이 마련되었다면 이제 업무 시간을 구분하는 연습을 해야 한다. 강사들끼리 우스갯소리로 하는 얘기가 있다. 프리랜서는 밥 먹는 시간에도 쉬는 날에도 고객이 원하면 아무 때나 노트북을 펼치고 일을 해야 해서 프리랜서라고. 1인 기업도 마찬가지이다. SNS를 보면 온통 잘나가는 사람들뿐이다. '내가 이 시간에 아무것도 안 하고 있어도 과연 괜찮은 것일까?' 불안한 마음에 진정한 휴식을 즐기기 어렵다. 내가 제안서를 내거나 영업 활동을 하고 자료조사를 하는 것들이 콘텐츠의 성과로 이어진다 생각하면 휴식을 하면서도 죄책감이 느껴지는 날이 많다. 물론 사람의 성향과 성격에 따라 다를 수 있겠지만, 1인 기업의 불안하고 초조한 심리는 어느 정도 당연하다고 생각한다. 적절한 스트레스는 승부욕을 자극하여 성과로 이어지기도 하니까.

휴식시간 없이 일에 열중하다 보면 일이 나이고, 내가 곧 일인 지경에 이르게 된다. 1인 기업의 마음은 누가 지켜줄까? 바로 나 자신이다. 자신의 업종에 맞게 업무 시간과 휴일을 설정하고 고객과의 상담, 거래처에 주는 자료 등등 업무의 흐름을 여기에 주도적으로 맞추어 나가 보자.

예를 들면 업무용으로 사용하는 카카오톡 채널의 상담시간을 월요일~금요일 10시~19시까지로 설정해 두는 것이다. 설정된 시간 외에 상담 요청이 올 때는 고객에게 자동으로 안내메시지가 전송된다. 주말에 고객에게 문의가 오는 경우 월요일에 답변 드리겠다는 안내메일을 드린 후 주말에는 업무를 처리하지 않는다. 가끔 저녁 늦게나 주말에 급한 업무를 처리해야 하는 예외가 생길 수는 있겠지만 당연하게 모든 시간을 업무에 쏟아붓는 것과는 분명한 차이가 있다.

'아니, 고객의 문의에 바로 답변을 주지 않는다고? 그럼 이 고객이 다른 곳으로 가 버릴 텐데…' 당연히 처음에는 쉽지 않다. 그러나 업무 시간을 스스로 설정해서 지키는 습관을 기르면 일에서 빠져나와 온전한 휴식을 취하는 데 큰 도움이 된다. 온종일 종종거리며 고생한 나에게도 휴식의 시간이 필요하다. 업무 시간이 끝나면 대표가 아닌 일상의 나로 돌아와서 하고 싶은 일을 하며 시간을 보내자.

1인 기업은 업무 스위치를 스스로 켜고 끌 줄 알아야 한다. 가족들과 맛있는 음식을 먹고 편안하게 누워 좋아하는 드라마를 보는 것처럼, 소소하지만 나를 행복하게 만들어 줄 수 있는 시간을 꼭 확보하자. 다 먹고 살자고 하는 일인데, 맛있는 커피 한 잔은 마시면서 숨 돌릴 시간은 있어야 하지 않을까? 1인 기업이라면 마음도 스스로 지켜야 한다. 가끔 흔들리긴 하지만 따뜻하고 소중한 내 마음을 위해 내가 좋아하는 일들에 대해 생각하고 집중해보자. 단단히 동여매진 마음은 건강하게 오랫동안 일할 수 있는 버팀목이 되어 줄 것이다.

# 제2장
## 그럼에도 불구하고,
## 나 홀로 사장 노릇 합니다

김수진

# 7년 경력단절녀의 구직은 쉽지 않았다

세 아이를 낳고 키우며 나는 어느덧 전업주부 7년 차가 되었다. 먼저 아이들을 키운 선배 엄마들은 나에게 말했다. 큰 애가 중학교에 가면 엄마의 손길이 덜 가기 때문에 일자리를 알아보라고 했다. 예전에 자주 구직을 하던 사이트에 내 이력서를 올렸다. 학교 시간강사와 학원 강사의 경력을 본 구직 담당자들은 교육 회사 영업직을 제안하는 연락이 오곤 했다.

아무리 생각해 봐도 집에서 아이만 7년 키우던 내가 갑자기 영업을 잘 할 수 있을까? 스스로 질문해 봐도 영 자신이 없었다. 누군가 이력서를 열람하고 오는 연락들은 내 경력과는 무관한 직종이거나 내가 해 본 적이 없는 일이었다.

그러던 어느 날 나는 잠이 오지 않아서 지역 맘 카페에 접속했다. 의류 쇼핑몰에서 옷을 포장할 사람을 구하는 내용의 글이었다. 쇼핑몰의 위치와 집의 거리가 가까워서 삼 남매를 키우며 하기에 좋은 일자리라는 생각이 들었다. 나는 그 즉시 이메일로 이력서를 보내고 다음 날 면접을 보았다.

사장님은 젊은 나이의 여성 의류 CEO가 되었고 의류 사업을 운영하고 계신 분이었다. 면접의 첫 질문은 손이 빠르냐는 거였다. 나는 거짓말을 할 수 없어서 손이 빠르진 않지만 한 번 배운 일은 잘 해낼 수 있다면서 나를 뽑아달라는 신호를 보냈다. 나의 답변이 그리 맘에 들지 않았는지 사장님은 얼굴을 찡그리시다가 다른 질문을 던졌다.

"아이가 셋이네요."

"네."

이런 대답 때문에 면접에서 떨어질까 걱정이 되었다. 뜻밖에도 사장님은 "저도 아이가 셋이에요. 김수진 씨, 내일부터 나올 수 있으세요?" 라고 말했다.

이제까지 나는 아이를 셋 키우는 경력단절녀라서 취업이 되지 않았다고 생각했다. 오히려 아이가 셋이라는 이유로 아르바이트 구직에 성공한 셈이다. 그 순간 우리 아이들에게 그렇게 사주고 싶었던 전집을 내 힘으로 사줄 수 있겠구나 싶어서 너무나 기뻤다.

드디어 첫 출근일이었다. 출근길 버스를 타는 대신 지하철 두 코스 정도 걸어서 출근했다. 지나가는 길에 어느 커피 전문점에서 아이스 아메리카노를 주문했다. 분명 전업주부일 때 동네 엄마들과 함께 카페에 가서 이야기 나누며 마셨던 커피 맛과는 정말 달랐다. 내 기분 탓인지 마치 내가 서울 도심 중심가에 높은 빌딩 사이를 걷고 있는 직장인 여성이 된 것 같은 착각마저도 들었다. 그만큼 나는 다시 일할 수 있게 된 사실이 너무나 기뻤다.

첫 출근 후 나에게 처음 일을 가르쳐 준 분은 전직 유치원 교사로 퇴직한 분이셨다. 다양한 업체에서 온 옷은 커다란 보따리로 여러 개였다. 업체별로 전표를 꺼내서 옷의 수량을 점검하고 불량 여부를 확인했다. 또 다림질해야 하는 옷을 분류해서 전부 옷걸이에 걸고 나머지 옷을 정리하고 난 후 옷을 다려야 했다.

오전 11시쯤 적게는 50벌에서 많게는 100벌 가까이 다림질을 해야 했다. 일반 소재와 달리 마 소재는 구김이 어느 정도 있을 때 그 옷의 느낌이 살아난다. 다른 옷감에 비해 다림질에도 요령이 필요했다. 쇼핑몰 일은 처음 해 보는 일이라서 서툴렀다. 근무 도중에 사장님과 다른 직원에게 눈치가 보이기도 했다. 나를 뽑은 이유는 빨리 다림질 마무리하고 그날 들어온 주문 물량을 포장해야 하는데 손이 느려서 포장 업무 시간이 늦어졌기 때문이다.

다림질부터 포장까지 한 달 동안 배웠다. 한 달이 지나서도 나의 업무 능력은 선배의 속도를 따라가지 못했다. 의류 쇼핑몰에 대한 경력이 전혀 없는 나를 뽑아준 사장님께 미안한 마음도 들었다, 퇴근 후 집에 가서 옷을 빠르게 접는 연습을 해 보았다. 몇 번 연습한다고 될 일은 아니지만 그렇게라도 안 하면 정말 안 될 것 같았다. 그렇게 두 달 정도 일하면서 출근 후 하루 루틴이 완성되었고 조금씩 일이 손에 익기 시작했다. 옷을 개는 속도가 조금 빨라지자 사장님께서 택배 송장을 뽑는 일을 알려주셨다. 만약 나도 사장님처럼 쇼핑몰을 한다면 모든 업무를 다 배우는 것도 좋은 경험이라고 생각했다.

쇼핑몰에 다니는 것에 막 재미를 붙이던 어느 날, 사장님께서 갑자기 나를 부르셨다. 회사 업무 효율화를 위해 제품 검수 및 택배 발송을 전문으로 하는 업체에 포장을 맡기기로 하셨다는 내용이었다. 더는 이곳에서 내가 할 일이 없게 된 셈이다. 어렵게 들어간 아르바이트 자리인데 그만둬야 한다는 말을 들으니 속이 상했다. 그렇다고 버틸 수는 없지 않은가? 그렇게 나의 아르바이트는 6개월 만에 아쉽게 끝이 났다.

쇼핑몰 아르바이트를 그만두고 달라진 것은 무엇인가 생각해 봤다. 쇼핑몰에서 4시간 이상 서서 일을 했을 때 몸은 힘들어도 마음은 정말 행복했다. 그것만으로도 충분히 값진 경험이라고 생각한다. 한 번 구직에 성공하고 나자 다시 직장을 구해야 하는 시점에 놓였을 때 두려운 마음보다는 자신감이 생겼다. 또 나도 사장님처럼 나만의 사업체를 운영하는 1인 기업의 사장이 되고 싶은 꿈을 키우기 시작했다.

다시 처음으로 돌아온 기분이었다. 나는 무엇을 해야 할까? 사람들은 말한다. "네가 좋아하면서 네가 잘하는 일을 해야지!" 내가 좋아하는 일은 책을 읽고 글을 쓰는 일이다. 그래서 고등학교 때부터 진로를 정할 때 그 어떤 고민 없이 문예 창작과에 진학했다. 학원과 교육기관 근무 경력이 14년이다. 7년을 쉬다가 다시 나온 나를 채용해 줄 학원은 어디 없을까? 그런 마음으로 다시 구직 활동을 시작했다. 구인 조건 중 나이 40세 미만이라는 문구가 눈에 들어왔다. 나이 제한 때문에 입사 원서조차 쓸 수 없는 경우가 많았다. 여러 곳에 이력서를 제출했고 그 중 한 곳에서 보조 교사 채용 가능하다는 말을 들었다. 채용이 가능하다는 말에 문득 두 가지 생각이 들었다.

"그래. 어쩌면 지난 경력은 0이라고 생각하고 다시 들어가서 처음부터 배우는 거야."

"아니, 한 분야에서 10년 이상 일한 사람은 그 분야의 전문가로 성장해야 한다고 생각해. 나를 채용해 줄 곳을 찾거나 나 스스로 그 능력을 찾아낼 거야."

나는 두 번째 선택지를 골랐다. 나는 왜 구직에 실패했을까? 객관적으로 나 자신을 돌아보기 시작했다. 학원 강사라는 직업은 교육 현장에서의 경험이 매우 중요하다. 1년도 아닌 7년의 공백은 구직에서 불리한 조건이다. 나는 아이가 셋이기에 밤늦게까지 근무할 수 없다. 시험 대비 기간에 약 한 달을 주말 보충 수업도 하기 어려운 상황이다. 고용주 입장이라면 지원자의 조건이 비슷할 때 누구를 채용할까. 학원 업무에 집중할 수 있는 강사를 채용하는 것은 어찌 보면 당연한 일이다. 그런 점에 비춰보면 나는 결격 사유가 참 많은 구직자 중 하나인 셈이다.

아이들이 학교에서 돌아오면 반갑게 맞이해 주는 엄마라는 자리를 놓치고 싶지 않았다. 동시에 전업주부로 지낸 7년과는 제발 끝내고 싶었다. 그래서 선택한 일이 공부방 창업이다. 2018년 우리 집 아파트 작은방 하나에 4인용 책상을 넣고 교실을 꾸몄다. 네이버에 공부방 창업이라는 키워드를 눌러봤다. 검색되는 많은 글 중에서 월 천이라는 키워드에 끌려서 게시글을 읽기 시작했다. '월 천 공주' 또는 '월 천 공부방'이라는 말이 나왔다. 여기서 월 천이란 매월 천만 원 이상의 수입을 버는 공부방을 말한다. 내 집 방 한 칸에서 아이들을 가르치고 "한 달에 천만 원을 번다고? 이게 말이 돼?"라고 생각했다. 내가 운영하는 공부방은 창업 직후 몇 달이 지나서 모은 학생이 4명인데 어떻게 그런 꿈을 꾸겠는가? 제대로 공부해서 강사로서의 역량을 키워야겠다는 필요성을 현장에 돌아와서 일을 해보며 느꼈다. 각 출판사 홈페이지에서 교사 자료실에서 자료를 뽑고 아이들을 가르치기 위해 내가 먼저 공부했다. 또 나보다 먼저 공부방 시장에 진입한 선배들이 모인 카페에 자주 들어갔다. 그들이 어떻게 성장할 수 있었는지에 대한 글을 읽으며 꿈을 키워나갔다.

현재 노원구 상계동에서 5평의 작은 교습소를 운영 중이다. 누군가 나를 채용해 주지 않아서 '나는 이제 사회 구성원으로 다시 돌아갈 수 없다'라는 좌절감을 느낀 시간이 꽤 길었다. 아이가 셋이라서 채용하지 않겠다가 아니라 그 이유로 날 채용해 주신 사장님 덕분에 나는 세상에 나올 용기를 얻었다. 또 아무것도 없이 책상 하나만 있는 공간에 와서 나를 선생님이라고 부르며 따르는 나의 학생들이 있어서 자신감이 생겼다. 혼자 세상에 다시 나오려고 그렇게 발버둥을 칠 때 열리지 않던 문이 누군가 내 손을 잡아주면서 나는 일어설 수 있었다.

# 나 홀로 독립하기 위한 고군분투기

내가 나를 채용하고 나 자신이 곧 회사라는 마음으로 1인 기업가로서의 준비를 시작했다. 시작할 때의 마음과는 달리 당장 부딪히는 현실은 그렇게 만만하지 않았다. 가정에서 아이들 셋을 키우며 육아만 했을 때는 은행에서 나라는 사람의 신용도를 어떻게 평가하는지에 대해 생각해 본 적이 없었다. 동네에 작은 교습소를 창업하더라도 임대 보증금과 초기 창업 자금이 필요했다. 사업자 등록증을 들고 은행에 방문했다. 매출이 전혀 없는 초보 사업자인 나에게 은행은 주부에게 가능한 마이너스 대출을 권했다. 창업 자금으로는 턱없이 부족했다.

돈이 없으면 정말 창업을 시작하는 것은 불가능할까? 그렇지 않다. 한국 여성 경제인 협회에서 운영하는 여성 창업 지원금 제도가 있다.

중위 소득 60% 미만이라면 점포 임대 보증금을 최대 1억까지 6년간 연 2% 대출해 주는 제도를 활용할 수 있다. 또 소상공인시장진흥공단 홈페이지(www.semas.or.kr)에 들어가서 소상공인 정책자금 제도를 알아보고 사업 계획을 세웠다. 소상공인정책 중에서 나에게 알맞은 정책자금융자제도를 최대한 활용했다.

대기업 출신이나 유명 방송사에서 일하는 사람들도 1인 기업으로 독립해서 성공하는 경우가 많다. 그들은 자신의 경력을 쌓고 충분한 준비 기간을 거쳐서 1인 기업으로서 성장했다.

그들과 나의 공통점은 나도 과거에 그들처럼 한 분야에서 열심히 일했던 사람이라는 점이다. 그들과 다른 점은 7년의 공백을 메워줄 준비 기간이 없다는 것이다. 그렇다고 시작부터 포기한다면 정말 아무것도 할 수 없을 것만 같았다. 현장에서 일하는 사람들이 가입한 카페에 가입했다. 공통의 관심사로 개설된 오픈 카톡과 각종 SNS 등을 통해서 현직에 계신 분들이 소식을 보며 꾸준히 공부했다. 그렇게 나는 2018년 5월에 50만 원으로 공부방을 창업했다.

아파트 현관 입구 바로 옆을 공부방으로 꾸몄다. 방의 크기는 가로 2m 60cm와 세로 2m 50cm이다. 세로 1200mm이고 가로 600mm 규격의 책상과 의자 네 개를 집어넣으면 겨우 어른 한 명과 학생 4명이 앉아서 공부할 공간이 나왔다. 공부방 선생님으로 다시 서기까지 얼마나 마음이 떨렸는지 모른다.

아이들 학교 엄마들이나 아파트 근처에 사는 사람들 대상으로 공부방을 오픈했다고 홍보했다. 아이들을 가르친 경력 14년 차이고 문학 전공자라고 말씀드렸는데 주변의 반응은 차가웠다. 아는 사람들마저 내가 공부방을 운영하는 것에 대해 긍정적인 말보다는 걱정의 말이 더 많았다. 그런 말을 들으면 정말 실패하면 어쩌지라는 생각과 동시에 나는 잃을 게 아무것도 없다는 오기도 들었다. 성공이나 실패가 아닌 도전과 포기의 문제였기 때문이다.

아이를 낳기 전, 학원이나 학교에서 근무할 때 내가 노력한 만큼 인정받아서 보람을 느끼며 일했다. 내 직업에 자부심도 있고 일에 대한 자신감도 있었다. 냉정하게 현직 강사 시절 학부모님들은 나를 보고 아이를 학원에 보낸 것이 아니다. 원장님의 상담과 그 학원만의 강점이 있어서 등록한 경우가 많았다. 교실에 이미 앉아있는 학생을 가르치는 게 내 일이었고 최선을 다해서 아이들을 가르치면 그만큼 인정해 주었으며 월급도 올랐다.

1인 원장으로 홀로서기를 했을 때 가장 힘든 점을 꼽으라면 모든 것을 혼자 판단하고 결과 또한 혼자 감당해야 한다는 점이다. 주변 사람들은 나를 어떻게 평가할까? 학부모님들 사이에서 우리 공부방은 어떤 곳일까? 등을 생각하며 밤잠을 못 잔 날도 있었다. 잠이 오지 않아서 뒤적거리다가 전화기에서 나의 카카오톡 대화명을 보고서야 그 답

을 찾았다. 나는 잘 가르치는 전문 공부방 선생님이 아닌 동네 아줌마
이자 아이들 친구 엄마인 푸근한 사람으로 보였다. 내가 제공하는 교
육 서비스를 객관적으로 평가하고 강점과 약점을 잘 찾아서 피드백을
끊임없이 하는 것이 필요하다고 느꼈다.

만약 내가 아이들을 공부방에 맡긴다면 어떤 선생님이 좋을까? 깔끔
한 복장과 단정한 이미지와 전문성을 갖춘 선생님을 선호할 것 같다.
또 내 아이를 사랑해 주는 선생님을 만나고 싶다. 나는 '아이들을 가르
칠 준비가 제대로 되어 있었나? '라고 되물었다. 마치 공부방 창업만
하면 '아이들은 자연스럽게 오겠지?'라는 생각이 얼마나 어리석었는
지 그 물음을 통해 깨닫게 되었다.

집에서 아이들을 가르치더라도 공간은 교실이 돼야 하고 나는 아이
들을 가르치는 선생님으로서의 모습을 갖춰야 한다는 사실을 깨달았
다. 아침에 아이들을 등교시키고 헬스장에서 운동을 시작했다. 매일
운동으로 하루를 시작하니까 생활에 활력이 생겼다.
　나를 객관적으로 바라보기 시작했다. 나의 경쟁력은 무엇일까? 공부
방 운영에 대해 고민했지만 특별한 아이디어는 떠오르지 않고, 생각은
뒤죽박죽이었다. 어느 날, 딸을 어린이집에서 하원 후 집으로 가는 길
이었다. 편의점 앞 학습지 선생님들이 아이들에게 풍선이나 간식 등을

나눠주는 모습이 보였다. 학습지 한 과목의 비용을 따져보면 회사와 과목에 따라 차이는 있지만 대략 4만 원대이다. 방문 학습지는 교사가 학생의 집에 방문해서 학습지를 제공해 준 후 한 과목에 10분 정도 수업한다. 학부모들은 방문 학습지를 한 과목만 하면 수업 시간이 너무 짧다 보니 보통 두 과목을 신청한다. 나 또한 세 아이 모두 학습지를 시키고 있었고 과목당 4만 원은 교육비 지출에서 비싸다고 생각하지 않았다. 하지만 곰곰이 생각해 보면 한 과목엔 4만 원이더라도 두 과목이면 매월 8만 원 이상 교육비 항목으로 지출된다. 또 스마트 기기나 스마트 펜을 계약하라는 권유로 인해 비용은 추가되었다. 매월 14만 3천 원을 내고 방문 학습지를 이용했다.

공부방을 운영하며 가장 어려운 일이 무엇인가를 떠올려봤다. 그것은 씨앗 회원을 모으는 일이다. 어떻게 하면 브레인K 공부방을 알릴 수 있을까? 그때 문득 학습지의 영업방식을 공부방에 접목해 보면 좋겠다는 생각이 들었다. 1시간씩 1회 수업료를 만 원으로 책정해서 월 4회 기준 학습지와 같은 수업료를 받는 것이다. 공부방 이름을 '만원 공부방'이라고 지었다. 나중에 안 사실이지만 공부방은 수업료가 일반 교습소나 학원보다 더 많이 받을 수 있었다. 그 당시 나는 해당 거주지 교육청에서 정한 분당 단가에 대해 정확히 몰랐다. 수업료를 책정할 때 내가 학생들에게 어느 정도 교육 서비스를 제공할 수 있는가에 초점을 두고 교습비를 정했다. 이름에서 오는 호기심이라는 게 있었던 것일까? 만원 공부방에 관심을 보여주신 몇 명의 어머님들을 모시고 작은 설명회를 열었다. 만원 공부방을 운영하게 된 계기와 내가 경력 단절된 강사임을 학부모님들께 밝혔다. 또 나의 부족함을 어떻게 극복해서 아이들에게 좋은 교육 서비스를 제공할 것인지를 차분하게 말씀드렸다. 설명회를 마친 후 다음 달부터 아이를 보내겠다고 하는 분들이 4명이나 생겼다. 이것이 나의 1인 기업의 시작이 되었다. 설명회에 참석한 어머님들의 자녀들이 만원 공부방의 씨앗이 되었다. 드디어 나를 알리고 내가 제공하는 교육 서비스 상품을 판매하는 데 성공한 것이다.

아이들이 엘리베이터를 타고 공부방에 다닌다는 소문이 나자 문자와 전화로 입회 문의가 들어오기 시작했다. 소위 말하는 입소문이 난 것이다. 공부방을 개원한 지 1년 안에 20명 정도의 학생을 모을 수 있게 되었다.

우리 사회에서 경력단절이라는 말은 긍정적 의미보다는 부정적 의미로 사용될 때가 많다. 경력이 단절되면 이전의 업무 능력은 모두 사라진다고 생각하는 사람들이 많기 때문이다. 그 기간이 길면 길수록 더욱 그렇다. 그러나 경력단절 여성들이 사회에 복귀했을 때 사회적 기회비용을 따져본다면 그들에게 다양한 기회를 주고 다시 사회에 복귀하도록 지원해야 한다.

내 경우에도 7년을 쉬고 다시 복직하려고 할 때 어려운 점이 많았다.

다시 시작할 수 있다는 마음을 먹는 것이 가장 어려웠다.

　나 또한 구직 활동을 할 때 어려운 점이 많았다. 여러 차례 면접에서 떨어지자 구직에 대한 의지가 점점 사라져 갔다. 그렇다고 일을 하고 싶은 마음을 포기하고 싶진 않았다. 구직이 아닌 창업이라는 선택을 하기까지 나를 버티게 해 준 힘은 결국 나 자신의 가능성을 믿는 것부터 시작했다. 채용 시장에서의 매겨지는 나의 가치로 나 자신을 평가하지 않으려고 노력했다. 사람들이 자신의 가치를 누군가 알아주지 않더라도 낙담하지 말자. 끝까지 자신을 믿고 가고자 하는 길을 걸어가 보자. 당신은 반드시 그 길을 걷고 있는 자신을 발견할 것이다. 무엇보다 자기 자신을 끝까지 믿어준 것에 대해 후회하지 않을 것이다, 바로 나처럼.

# 전공을 살려 창업으로 다시 시작하기

날씨가 무척 슬슬 더워지기 시작한 5월의 어느 날이었다. 나는 사진 두 장과 졸업 증명서와 등본 등 서류를 준비해서 버스를 탔다. 개인 교습자 등록을 위해 서류를 작성하고 나오는 길에 교육청 사진을 한 장 찍었다. 오픈 준비하는 과정의 시작을 기억하고 싶은 마음이었다. 그만큼 나에게 일을 시작할 수 있는 것은 중요했다.

일주일이 지나고 문자 한 통이 왔다. 신청한 개인 교습자 등록증이 나왔다고 찾아가라는 내용이다. 그 길로 개인 교습자 등록증을 찾은 후 노원세무서에 가서 개인 사업자 등록을 마쳤다. 사업자 등록증을 받았을 때 드디어 1인 사업을 시작했다는 생각이 들었다. 내 이름을 걸고 하는 일이기에 누구보다 잘하고 싶었고 또 잘 할 자신도 있었다.

나는 아파트의 작은방에 공부방을 오픈해서 1년 6개월간 운영하며 1인 사업을 시작했다. 1년간 스무 명의 학생을 모으는 게 쉽지 않았고 학생이 한 둘 늘다가 그만두는 학생이 나오면 또 제자리걸음이었다. 힘은 힘대로 드는데 그렇다고 수입이 보장되지도 않아서 답답할 때도 있었다. 최저 시급을 받던 때를 생각하며 더 나은 미래를 꿈꾸며 버텼다.

2020년 1월 연일 코로나19에 대한 소식이 전해졌다. 아이들이 감기에 걸렸다면 며칠 쉬겠다는 연락이 증가했다. 급기야 겨울 방학에 공부방에 보내지 않겠다는 학부모도 있었다. 학생들이 하나둘 휴원하자 공부방 분위기가 심상치 않았다. 어렵게 모은 학생들이 빠져나가는 시간은 불과 한 달도 걸리지 않았다. 1년 6개월간 공부방의 성장을 위해 노력한 시간이 그냥 물거품처럼 사라지는 느낌이었다.

나는 무엇을 더 할 수 있을까? 정말 코로나 때문에 아이들이 쉬는 걸까? 원인을 파악하기 위해 학부모님들과 상담을 시작했다. 상담을 마친 나는 코로나19 때문에 공부방이 망했다는 것은 핑계에 가깝다는 것을 깨달았다. 같은 시기 온라인 공부방 커뮤니티에 올라온 다른 원장님들의 글을 읽었다. 어려운 시기를 현명하게 버티며 운영 방법을 사람들과 나누는 글이었다. 1인 공부방으로 시작해서 학원으로 확장한다는 글을 읽었다. 원생 수가 몇 명에서 몇 명으로 늘었다는 구체적인 내용의 사례를 보며 궁금했다. 분명 코로나19는 모두가 예상하지 못한 일이었다. 공부방 운영이 어려운 상황은 누구나 마찬가지인데 더 잘 되는 곳이 있다니! 그들은 어떻게 위기를 기회로 바꾼 걸까? 공부방을 운영하면서 정작 내가 놓친 중요한 것은 무엇일까? 매일 밤 카페에 올라온 글을 하나씩 읽어보기 시작했다.

공부방은 교육 서비스업이다. 강사는 가르치는 일 이외에도 1인 사업가로 갖춰야 할 다양한 업무 능력이 필요하다. 그런 점에서 나는 1인 공부방 운영자로서 내공이 부족했다. 이 사실을 깨닫기까지 폐업의 원인을 외부에서 찾으려고 했다. 이대로 운영은 어렵다고 판단했다. 지난 2년의 노력이 아까웠다.


공부방 폐업 절차는 간단했다. 인터넷 사이트 학원 민원 서비스에서 개인 과외 교습자 폐지신고라는 항목을 클릭함과 동시에 내 공부방은 사라졌다. 또다시 나는 세 아이의 엄마이자 전업주부 김수진이 되었다. 남편은 출근하고 아이들은 학교에 가고 나는 또 혼자 TV 리모컨을 잡고 아무 채널이나 돌렸다. TV를 보면서도 마음 깊숙한 곳에서 알 수 없는 감정이 차올랐다.

이대로 끝내기엔 자존심이 상했다. 내가 아이들을 더 잘 가르치고 공부방이 저 자리에 있구나 하는 인식을 정확하게 엄마들에게 전달했다면 어땠을까? 아마도 나는 망하지 않았을 것이다. 나를 알리려면 가장 좋은 방법은 무엇일까? 그래, 간판이 필요하구나! 간판을 크게 걸고 제대로 시작해 보자. 2020년 1월 공부방을 폐업하고 한 달 뒤인 2020년 2월 교습소를 다시 열었다. 냉면집이 폐업하고 빈 상가에 권리금 없이 들어갔다. 부동산 계약서에 도장을 찍고 온 날, 잠을 이루지 못할 정도로 가슴이 벅찼다. 강사 시절부터 나만의 공간을 가지고 싶다는 꿈을 드디어 이룬 것이다. 공간만 있다면 이제는 수업을 정말 잘할 자신이 있었다. 그런 생각은 어디까지나 혼자만의 착각이었다. 현실은 이제 막 작은 교습소를 연 초보 원장이고 공부방에서 교습소로 장소를 바꾼 것 말고는 다른 점이 딱히 없었다. 성공적으로 학원을 운영하는 원장님들은 나보다 더 많은 시간 준비하고 노력했을 것이다. 그들과 같은 시간 공부한다고 그 차이를 극복할 수 없다는 것을 알고 공부하기 시작했다. 14년 차 경력의 강사라는 타이틀은 그저 과거의 나일 뿐이다.

그때 '과거의 경력을 버리고 전공만은 살리자'라는 마음을 먹었다. 전업주부일 때도 세 아이를 키우며 아이들에게 책을 읽어주었다. 주변에 어린이 책을 좋아하는 사람들과 책을 읽고 의견을 교환했다. 초등학교에서 책 읽어주는 어머니회 활동을 했다. 그렇게 책이라는 끈을 놓지 않으려고 애썼다.


교습소 출근 시간은 오전 11시였다. 낡은 상가 건물이라 내부에 불을 꺼 놓으면 교습소 분위기가 어둡게 보였기 때문에 나는 그 자리를 늘 지켰다. 당장 학생이 온다면 정말 잘 가르칠 자신은 있나 곰곰이 생각해 보면 그것도 아니다.

　대학에서 현대 문학을 전공했다. 나의 전공을 최대한 살려서 들을 수 있는 온라인 강좌를 검색했다. 비전큐에서 온라인으로 책 놀이 지도사 과정을 들었다. 강의를 들으면서 '강의 내용을 수업할 때 현장에서 어떻게 활용할까?' 고민하며 수강했다. 새로운 공부를 시작하고 책을 읽다 보니 나도 다시 시작할 수 있는 있겠다는 긍정적 확신이 들면서 자신감을 조금씩 회복했다. 코로나19 이후 다양한 온라인 플랫폼에서 큰 비용을 들이지 않고 들을 수 있는 수업이 늘었다.

　교습소는 2월까지 주로 학생 모집을 위한 홍보활동을 하는 기간이다. 3월 학교 앞 사회적 거리 두기 때문에 사람들이 보이지 않았다. 학생을 모집하기에 가장 좋은 시기인 신학기에 단 한 명의 학생도 없이 1학기를 보냈다. 강의 현장에서 떠난 지 7년이라는 시간은 꽤 길었다. 새롭게 바뀐 교육과정을 파악하기 어려웠다. 교육청 홈페이지에 올라온 2015 개정 교육과정을 찾아서 읽었다. 빈 교실에서 연간 계획표를 짜며 학생을 기다렸다. 몇 달만 버티면 그래도 한 명은 오겠지? 한 명의 학생이라도 온다면 최선을 다하겠다는 마음으로 학생을 기다렸다. 그리고 5개월 뒤 두 명의 학생이 들어왔다.


　주변 사람들은 왜 하필 코로나 시기에 창업했냐고 물었다. 나는 코로나라서 창업했다고 말한다. 다른 사람들은 자기 밥벌이를 하는데 왜 나는 안되냐고 오히려 되물었다. 매출은 없고 지출만 있는 1인 사업장

일지라도 나는 1인 사장으로 살아가길 선택했고, 그 선택이 틀리지 않았다는 사실을 세상에 증명하고 싶었다. 문학 아니면 죽겠다고 부모님의 반대에도 불구하고 고3 때 문예 창작학과로 진학했다.

문학을 좋아하는 마음만은 나이를 먹어도 여전히 변하지 않았다. 대학 졸업 후 20년이 지난 시점에 대학 전공을 살리는 게 무슨 의미인가 생각할 수도 있다. 나는 문학을 하고 싶어서 학원 강사의 길을 선택했다. 학원에서 제대로 일을 해보고 싶어서 강사라는 직업을 선택했다. 다시 학생들 앞에 당당하게 우뚝 서고 싶었다. 나만의 오래된 무기가 뭘까? 그건 바로 문학을 좋아해서 전공하고 오랫동안 그 꿈을 버리지 않았다는 사실이다. 채용사이트 사람인에 통계자료에서 보면 신입 구직자 10명 중 4명이 '내 전공 후회'라고 답했다는 기사를 읽었다. 전공 선택을 후회하는 이유는 적성에 맞지 않아서가 43%로 가장 많았다. 학원 강사로 근무할 때 전공에서 배운 내용은 내가 수업할 때 도움이 될 때가 많았다. 다시 처음 강사를 하던 그때로 돌아가서 하나씩 배우는 마음으로 학생들과 수업할 내용을 미리 공부했다. 아직도 코로나는 끝나지 않았다. 현재 나는 3년간 교습소를 운영하며 아이들을 가르치고 있다. 나에게 남들과 다른 특별한 능력은 없었다. 내가 가진 건 오직 전공자라는 타이틀뿐이었다. 지금 당장 대단히 특별한 능력이 없어도 괜찮다. 무엇을 처음 배울 때 떨리는 그 마음으로 시작해도 충분하다. 만약 당신이 전공을 살릴 수 있다면 창업할 때 꼭 살리라고 말하고 싶다.

# 아이디어 실행은 구체적인 계획부터 시작이다

1인 기업을 꿈꾸는 사람들의 시작은 어디부터인가? 1인 기업의 시작은 아이디어가 곧 사업의 핵심이다. 또한, 그 아이디어를 구체화시키는 것이 중요하다. 나는 1인 기업을 준비할 때 아이디어만 있고 구체성이 떨어져서 시행착오를 많이 겪었다. 책상머리에 앉아서 수업 계획안 짜고 나면 그날 하루 뭐라도 한 것 같은 기분이 들었다. 수업 계획안과 홍보 문구를 쓰며 준비를 하면서도 누구에게 어떻게 보여줄 것인가에 대한 답은 찾지 못했다. 창업 이후 6개월간 준비를 제대로 하고 1인 기업의 길로 들어섰다고 생각했다. 그래서 잘 해낼 수 있는 자신감과 시간이 지나면 지금보다는 좀 낫지 않을까 하는 기대마저 있었다.

성공하는 1인 기업은 어떤 점이 다른 사람들과 다를까? 1인 기업에 대한 가치관이 분명해야 한다. 동시에 일 잘하는 직원으로의 업무 전환이 빨라야 한다. 나는 일 잘하는 직원이었다. 하지만 내 사업에 대한 가치관이나 책임감은 부족한 상태에서 1인 기업을 시작했다. 1인 기업도 다른 일반 기업처럼 구체적인 업무를 한눈에 보이게 계획표를 짜서 운영해야 한다. 사장이 의욕이 넘쳐서 열심히 일하다가 매출이 떨어지면 의욕이 저하되는 등 감정 조절을 못 한다면 큰 문제다. 1인 기업은 사장님의 기분에 따라 운영하는 것은 1인 기업이 전체가 흔들리기 때문에 매우 위험하다. 전체적인 그림을 볼 때는 1인 기업 사장님 마음가짐이 중요하고, 실무적인 일을 할 때는 오직 그 일에 집중하는 직원의 업무 능력이 필요하다. 두 가지 역할을 동시에 균형감 있게 할 수 있다면 1인 기업가로서 능력을 갖춘 셈이다.

내 교습소에 등록한 두 명의 학생을 위해 일주일을 쏟아부었다. 단한 명의 학생이라도 나를 찾아와 준다면 최선을 다하겠다는 마음으로 열심히 지도했다. 그렇지만 또 다른 고민이 있었다. 학생 두 명을 지도해서 한 달 월세를 제대로 낼 수 없었기 때문이다.

하루를 마치고 잠이 들기 전 앞으로 난 어떻게 될까 고민하느라 잠들지 못했다. 다음 날 일어나면 또 하루를 또 살아내야지 하는 마음으로 출근했다.

지금 내 사업장에는 왜 사람들이 없을까? 나를 알리고 싶은데 어떻게 알리면 될까? 답답한 마음에 남편과 드라이브 나가자고 해서 다산

신도시에서 유명한 카페를 찾았다. 차에서 휴대폰을 만지작거리다가 당근마켓 앱을 실행했다. 갑자기 GPS 기능이 켜진다는 알림이 뜨면서 내 거주지는 다산으로 인증되고 다산 주변에서 올린 글이 보이기 시작했다.

그때 한 가지 아이디어가 떠올랐다. 만약, 내가 운영 중인 서울시 노원구 상계동에 위치한 교습소에서 차량 이동 시 30분 이내에 거리를 측정해서 광고한다면 어떨까? 학생들이 그 지역에서 올 수 있겠다는 생각이 들었다. 나를 알려야 한다는 아이디어를 좀 더 구체화시키기 위해서 광고대상과 광고지역을 정하는 게 아주 중요하다는 사실을 깨달았다.

나를 알리기 위한 광고를 해야겠다는 생각과 광고 플랫폼을 당근마켓으로 해야겠다는 생각이 들었다. 당근마켓에 최적화된 사진과 문구에 대해 고민했다. 그래픽 프로그램 앱 캔바로 문구와 사진을 삽입해서 카드뉴스를 만들었다. 당근마켓 중고물품 사이에 팝업처럼 뜨는 광고 글을 누군가 보게 하려고 광고 문구를 하나씩 수정 보완해서 올렸다. 당근마켓 통계 시스템을 통해 반응이 좋은 광고 글을 찾고 통계를 기반으로 광고를 다시 만들었다.

처음엔 나도 '누가 당근마켓 광고를 보고 상담 전화를 할까?'라는 마음도 있었다. 성공하거나 실패하거나 뭐가 되든 지금 할 수 있는 건 다 해보자. 제발 월세랑 관리비 등 매달 나가는 고정지출만 낼 수 있으면 좋겠다 그 생각뿐이었다.

　교습소 창업을 시작 후 2년이 지난 지금도 첫 번째 상담 문의를 한 어머님을 잊을 수 없다. 내가 올린 광고를 보고 방문 상담으로 이어졌다. 처음으로 학부모님이 나를 찾아오는 경험을 하게 되었다. 그렇다고 바로 신규 입회로 이어진 상담은 아니었다. 상담을 마치고 집으로 돌아간 학부모님께서 상담 후기를 남겨주셨다. 당근마켓 후기가 달린 직후, 상담 연락이 오기 시작했다. 덕분에 개원 5개월까지 학생 0명에서 개원 1년 만에 40명의 학생을 모을 수 있었다.

　학창 시절, 한 마트에서 아르바이트생을 모집하는 글을 보고 지원한 적이 있다. 그 당시 사장님은 거제도에서 큰 유통회사를 하다가 새로운 지역으로 진출한 상태였다. 정직원도 아닌 아르바이트생을 뽑는데 물어보는 면접 질문이야 뻔하지 하는 마음이 들었다. 가벼운 마음으로 내 차례를 기다리던 중 면접을 보고 나온 사람들 표정이 이상하다는 생각이 들었다. 처음 질문은 그럭저럭 적당한 대답을 골라서 했다. 갑자기 가운데 계신 분이 나를 보며 북극에 가서 냉장고를 팔 수 있겠냐고 물었다. 방송에서 본 압박 질문인가? 당황하지 말고 대답하기로 했다. 북극에도 경제적으로 풍족한 사람들은 꼭 필요한 전자제품이 아니어도 구매층이 있다고 생각한다고 답변했다. 지금 생각해 보면 판매가 무엇인가에 대해 질문한 건 아닌가 싶다.

1인 기업으로 홀로서기를 한 이후 가장 중요한 핵심 과제는 나를 알린다는 것이었다. 상가 입구에 잘 보이는 간판만 건다고 장사가 되는 건 아니다. 1인 기업의 성공을 위해서 구체적인 계획을 세우고 하나씩 실천해가는 게 중요하다. 아이디어를 실천하는 방법을 하니씩 배워가며 조금씩 1인 기업가로 성장하는 나를 발견하기 시작했다. 돈을 벌고 싶었다. 이왕이면 아주 많은 돈을 벌고 싶었다. 나를 증명하고 싶었다. 그러기 위해 '나'라는 브랜드가 제공하는 교육 서비스 상품을 알리고 판매해야 했다. 자기 자신을 하나의 회사라고 생각하여, 서비스 상품으로 판매할 수 있다면 당신은 1인 기업가로 이미 준비된 사람이다.

# 그럼에도 불구하고
# 나는 사장이라는 마인드로

    나의 친정아버지는 마흔 살이 넘어서까지 여러 직업을 전전하며 제대로 된 일자리를 잡지 못했다. 아버지는 집안에서 4형제 중 첫째인데, 직장이 없으니 할머니는 걱정이 많으셨다. 할머니 지인의 소개로 아버지는 공사 현장에서 모래를 나르는 일부터 배웠다. 1990년대 초반은 동네마다 빌라와 아파트 등을 짓는 공사 현장이 넘쳐났다. 아버지는 일이 끝나면 까만 얼굴로 커다란 가방을 메고 막걸리를 한잔하고 노래 부르며 집으로 돌아오곤 했다.

    우연히 아빠의 TV 서랍장에서 검은 노트를 발견했다. 아빠는 공사장에서 일한 날짜와 공사 현장 위치 그리고 받은 일당을 써 놨다. 업무 노트이자 일당과 월급을 계산하기 위한 기록이었다. 어느 날 다시 그 검은 노트를 열어보았다. 지붕이 그려진 그림과 숫자들이 어지럽게 그

려져 있었다. 저녁마다 노트에 지붕 그림을 그리던 아버지는 한참이 지나서야 나에게 말했다.

"수진아, 사람은 무식하면 손발이 고생이야. 너는 공부 열심히 해서 아빠처럼 노동자 하지 말고 학교 선생님 해."

우리 집은 다락이 있는 단칸방에 4인 식구가 살았다. 당시에 다른 아이들이 다 그렇게 살았느냐. 그건 아니다. 이웃집에 놀러 가면 친구들의 방이 따로 있었고 책장에는 백과사전과 전집이 꽂혀 있고 '겜보이'라는 오락기도 있었다. 네 가구가 모여 사는 다세대 주택에서 우리 집이 제일 가난했다.

30년 전 아버지는 공사 현장에서 질통이나 모래 지게를 지던 인부에서 출발해서 3년 만에 지붕 전문 1인 기업을 차렸다. 아버지는 공사장에서 일할 때 만났던 사장님들에게 성실성을 인정받았고 창업 후 첫 공사 계약을 혼자만의 힘으로 따냈다. 누군가는 공사 현장에서 일당 받는 아버지의 직업을 업신여기는 사람도 있었다. 그러나 나는 누구보다도 아버지를 존경했다. 그 이유는 땀 흘려 일하는 노동의 소중함을 삶 그 자체로 나에게 일깨워 주었기 때문이다.

대학 입학 후 바로 아르바이트를 시작했다. 대학 등록금을 벌어야 학교에 다닐 수 있는 상황이기 때문이다. 대학교 2학년 때 보습학원 보조 강사로 학원계에 입문했다. 대학교 2학년 수료자가 아닌 경우 강사 등록을 할 수 없다. 2학년 수료 전까지 전임 강사들의 업무를 보조했다. 면접 때는 채용되고 싶은 마음에 뭐든 할 수 있다고 대답했다. 그렇다고 여름철 남녀 공용 화장실의 소변기를 닦는 일까지 시킬 줄은 몰랐다.

2학년 2학기를 마치고 초등부 논술 전임 강사로 채용되었다. 보조 강사로 있으면서 선임 강사들의 수업 시연도 많이 보고 자료를 만들거나 성적 처리 등 업무에 필요한 기본 지식은 어느 정도 쌓았기에 가능했다.

처음 근무한 학원에서 3년의 경력을 쌓고 초등부에서 중등부 전임 강사로 이직을 했다. 만나는 사람마다 학원에서 근무하는 이유를 물었다. 더 늦기 전에 회사에 취업하거나 공무원 시험을 보는 게 더 낫지 않냐고. 같이 근무하는 선생님 중에서 한 둘은 낮에는 공무원 공부를 하고 오후에 시간강사로 출근하는 선생님이 있었다. 학원은 당장 필요한 돈을 벌기 위해 일하는 곳이고 다른 일을 하기 위해 잠깐 스치는 곳이라고 말했다. 그 말을 듣고 난 두 가지 생각을 했다. 현장에서 치열하게 일하는 선배 강사에게 부끄러운 마음이 들었다. 나 또한 스스로 자각하지 못했을 뿐 그런 마음이 조금은 있었다는 점을 깨달아서이다. 한편으로는 이왕 이 업계에 발을 들여놨으니까 "내 직업은 학원 강사다"라고 당당하게 말할 수 있을 정도로 높이 올라가고 싶은 마음도 들었다,

점점 더 좋은 조건의 학원으로 옮기며 경력을 쌓았고, 자연스럽게 연봉은 올라갔다. 오르막길이 있으면 내리막길이 있듯이 채용 시장에서 밀려나고 자연스럽게 7년간 육아로 내 직업이 학원 강사였다는 사실조차 까맣게 잊고 지낸 시간이 꽤 길었다.

내가 딱 아버지 나이가 되는 마흔 넘는 무렵. 나는 만원 공부방을 창업했고, 2년 후 교습소로 확장 이전했다. 공부방 선생님에서 교습소 1인 원장이 되기까지 3년이 걸렸다.

1인 기업을 하려면 어떤 능력이 필요할까? 누구도 갖고 있지 않은 나만의 숨은 능력을 찾으려는 노력이 필요하다. 그러기 위해서는 자신에 대해 정확하게 잘 알아야 한다. 누구나 한 가지 이상의 남과는 다른 특별한 재능을 가지고 있다. 아주 작은 부분이라도 발견한다면 장점을 잘 살려서 아이템을 구상해 보자.

1인 사장이라는 말은 꽤 거창해 보인다. 그런데 현실은 그렇지 못할 때가 많다. 오래전 지켜본 1인 사장을 떠올려 본다. 아버지는 사장이 된 이후 더 이른 새벽 출근해서 어두운 밤에 퇴근했다. 남 밑에서 일할 때보다 혼자 하는 일이 더 힘들다고 하셨다.

1인 기업의 사장이라면 사장이자 직원인 자신에게 월급을 줄 수 있도록 일해야 한다. 내가 1인 기업을 시작한 이유는 내 밥벌이를 위해서였다.

1인 사장은 아무리 열심히 일해도 알아주는 사람은 없다. 직장처럼 인정을 받거나 승진할 기회도 없다. 그럼에도 불구하고 1인 기업에 도전하는 이유는 무엇일까? 채용 시장에서 내 가치는 타인에 의해 평가된다. 그러나 차별화된 전략을 가진 1인 기업이라면 충분히 서비스를 상품화시킬 수 있다. 1인 사장인 나는 나의 교육 서비스를 고객에게 제공하고 수업료를 받는다. 또, 교습소를 운영하다 보면 다양한 출판사의 교재를 접할 수 있다. 교재 공급사인 총판이나 해당 출판사를 통해서 교재 검토진이라는 경험을 쌓을 수 있다. 이런 경험을 살려서 지금은 교재를 만들 때 기획 회의에 참여하는 기회를 얻게 되었다.

7년의 경력단절 주부에서 교육 서비스 1인 기업가로 성장하기까지 도전하는 용기 그것이 시작이었고 그게 전부였다.

내 사업을 한다는 것만큼 신나고 재미있는 일은 없다. 나는 일하는 기쁨을 제대로 느끼는 중이다. 지금 이 순간.

# 매출이 곧 수입은 아님을 기억하자

"돈의 가치를 알아보고 싶거든 나가서 남에게 돈을 꾸어 달라는 요청해 보라"는 벤자민 프랭클린의 말이 떠오른다. 20대에 친구에게 돈을 빌린 적이 있다. 친구 앞에서 30분 내내 엉뚱한 말만 늘어놓다가 겨우 돈을 빌려달라는 말을 꺼냈다. 수화기 너머로 잠시 정적이 흐르는 사이 내 얼굴은 화끈거리고 부끄러웠다. 아무리 친한 친구라도 돈을 빌려달라는 말을 들으면 누구나 부담스러울 것이다. 친구 또한 나와 같은 사회 초년생이라 월급이 뻔했다. 나에게 돈을 빌려줄 정도로 친구도 넉넉한 상황은 분명히 아니었다. 급한 내 사정을 먼저 헤아리고 두말없이 계좌로 돈을 보내주었다.

그때 나는 돈에 대한 가치에 대해 생각했다. 학원에서 근무할 때 월급이 늦어질 때가 있었다. 정해진 날에 월급이 들어오지 않아도 월급은 언제 나올지에 대한 말을 꺼내지 못했다.

그만큼 나는 돈 이야기를 꺼내는 것을 불편하게 생각했다. 초등학교 때 아버지에게 한 달 용돈을 받으면 10일 안에 다 써서 혼이 난 적이 있었다. 20대 초반 강사로 근무할 때 또래 친구들보다 더 큰돈을 벌었음에도 돈을 모으지 못했다. 과거의 나를 돌이켜 보면 경제관념이 부족하고 돈에 대한 이해가 많이 부족한 상태였다.

마흔 살, 창업 이후 돈에 대한 생각이 완전히 바뀌었다. 학원 강사로 일해서 돈을 많이 벌고 그 돈을 모아서 재테크를 잘하면 나도 부자가 될 줄 알았다. 20년을 넘게 일했으면 부자까지는 아니더라도 특별한 날 한 번쯤 가격표를 보지 않고 나를 위한 선물 정도는 살 수 있어야 하는 거 아닌가. 나는 왜 그런 삶을 살아온 걸까?

여기에 대해 끊임없이 고민해 보고 내린 결론은 돈이라는 것을 숫자로 인식했을 뿐 돈의 속성과 가치에 대해 몰랐기 때문이라고 생각한다. 열심히 일하고 그 노동에 대한 대가로 버는 돈을 돈 그 차제로만 판단할 것이 아니라 그 흐름을 읽으려는 노력이 필요함을 느꼈다.


매일 출근길 카페에 들러 아이스 아메리카노 한 잔을 주문한다. 한잔의 커피를 주문하기까지 고려할 요소는 무엇이 있을까? 커피의 맛, 커피 가격 등 사람마다 커피를 선택하는 이유가 다르다. 커피를 주문할 때마다 사람들은 얼마의 시간을 쏟을까? 커피는 즉각적 소비로 짧게는 30초에서 길게는 3분 이내로 의사결정이 이루어진다.

내가 종사하는 업종인 교육 서비스 업종과 카페에서의 커피 주문은 무엇이 다를까? 가장 소중한 자녀에 관한 의사결정을 내릴 때와 커피 주문 같은 단순 의사결정은 다르다. 교육 서비스는 학부모가 오랫동안 고민해서 결정하는 고관여 서비스 상품이다. 따라서 학부모의 지갑이 쉽게 열리지 않는다는 것을 먼저 아는 것이 매우 중요하다.

그렇다면 공부방 수익은 어떻게 창출되는가? 공부방 운영에서 수입이란 강사가 교육 서비스를 학생에게 제공하고 학부모에게 교습비를 받는다. 교습비는 각 시도 교육청마다 교육비 분당 단가가 달라서 해당 시도 교육청에서 확인 후 수업료를 정하면 된다.

공부방 창업을 준비하는 예비 원장님은 사업 계획서를 작성할 때 교습비와 교습 시간 등을 정하는 것이 매우 중요하다. 교습비를 결정하고 이를 해당 교육청에 제출하면 수업료가 결정된다. 이것이 공부방의 수익 구조에서 가장 중요하다. 교습비 정했다면 다음은 동시 수용 인원이 중요하다. 공부방에 경우 1시간에 최대 9명을 수업할 수 있다. 그 말은 학생 한 명당 수업료가 10만 원이라고 가정했을 때 1시간에 9명의 정원이 모두 찼을 경우 90만 원의 매출을 예상할 수 있다. 과연 수업마다 나의 예측대로 학생들이 꽉 차면 얼마나 좋을까?

공부방은 황금 시간대에 학생이 몰린다. 학생이 몰리는 시간대는 정신이 하나도 없어서 선생님은 힘들고 학생들은 관리가 안 돼서 최악의 경우엔 퇴원으로 이어진다. 제대로 된 교육 서비스를 제공하려면 황금 시간대에 학생이 몰리지 않도록 적정 수용 인원을 지켜서 수업해야 한다. 손이 많이 가는 학생의 경우엔 학부모님께 양해를 구하고 여유가 있는 시간대에 학생의 시간표를 배치해서 더 꼼꼼하게 봐 주었다. 운영하는 원의 시간표를 효율적이게 짜고 각 시간대 학생의 숫자를 적절하게 배치하는 게 수업의 질을 유지하고 원활한 운영과 매출 관리에서 중요한 요소라고 생각한다.

많은 사람이 공부방에 도전하는 이유 중 하나를 꼽으라면 보증금과 임대료가 나가지 않는다는 점이다. 나 또한 이런 이유로 첫 번째 사업 아이템으로 공부방을 선택했다. 막상 공부방을 운영하다 보면 보증금과 임대료가 지출의 다가 아님을 알게 된다.

예를 들면 프랜차이즈 교재를 사용하려면 프로그램 가맹 초기 도입 비용과 콘텐츠 사용료가 들어갈 수 있다. 또 강사 보수 교육을 받기 위해서도 비용이 지출된다. 공부방 지출 중 크게 두 가지를 꼽자면 운영에 필요한 물품비 지출과 어린이날 등과 같은 행사 비용을 들 수 있다. 이런 지출을 매달 정리해서 월별 지출 증빙 영수증 처리를 제대로 하면 종합 소득세 신고할 때 지출 증빙으로 세금을 감면받을 수 있다. 관리비 외에도 전기세나 수도세 등 세금 등도 가정집보다 여름과 겨울철

엔 냉난방비 소비량도 매우 큰 편이다. 교습소나 상가의 경우 산업용 전기로 들어가서 요율이 가정집보다 저렴하다. 가정집은 누진세로 인해 세금 폭탄을 맞을 수 있다. 공부방 운영 당시 거실 에어컨과 이동형 에어컨을 두 대를 사용했다가 전력 사용량 1500KW가 넘어서 50만 원 가까운 전기세를 낸 적도 있다.

공부방의 매출을 단순하게 계산한다면 교습비에 원생 수를 곱하면 된다. 그러나 매출은 수입이 아님을 기억하자. 수익이란 전체 매출에서 고정지출 비용과 인건비와 세금 등 모든 지출을 뺀 돈을 말한다.

1인 기업 창업에 대한 만족도가 곧 수입은 아니다. 그렇지만 정당한 노동의 대가가 따르지 않으면 힘이 빠지기 마련이다. 다른 사람 밑에서 일하면 받을 수 있는 월급보다는 수입이 안정돼야 한다. 안정된 수익 구조가 따라오면 일의 능률이 오르고 매출을 상승의 에너지를 얻을 수 있다.

매출이 곧 수익일까? 매출은 절대 최종 수익이 아니다. 초보 원장 시절 나는 매출이 수입이라고 착각해서 내가 생각보다 돈을 잘 버는 줄 알았다. 종합 소득세 신고를 하면서 내는 세금을 보고 정확한 매출과 수입을 알게 되었다. 이제 막 새롭게 사업을 준비하는 분들은 매출 대비 수익에 대한 손익분기점을 정확히 계산하고 기록하는 것이 중요함을 잊지 말길 바란다.

# 다양한 소자본창업, 비전을 세워라

학창시절, 나는 자주 지각을 하던 학생이었다. 내가 중학교에 입학할 때 할머니는 시계를 선물해 주셨다. 시계를 선물하는 이유는 무엇일까? 나처럼 지각을 잘 하는 사람에게는 시간을 잘 보고 중요한 자리에 늦지 말라는 뜻일 수도 있다. 아니면 시계는 그 사람과 늘 함께 하는 소중한 물건이기에 잘 간직해 달라는 뜻일 수도 있겠다. 시계를 선물하는 사람의 마음을 한 번 떠올려 본다.

2000년 초반 대학 1학년을 마치고 바로 휴학을 했다. 등록금을 모아서 복학하기 위해 시계 브랜드 스와치(SWATCH) 매장에서 일했다, 사장님은 평소 직장에 나가고 아르바이트생을 고용해서 매장을 운영했다.

근무 시작 전에 간단한 서비스 교육을 시작으로 바로 일을 시작해야 했다. 인수인계를 받고 일을 한 게 아니라 어떻게 운영해야 할지 매일 출근길에 오늘은 무슨 일이 또 생기려나 하는 마음으로 나갔다.

손님이 들어오면 반갑게 인사를 하며 자연스럽게 다가가서 제품 설명을 해야 하는데 나는 그 자리에서 얼음이 돼서 아무 말 못 하는 날이 더 많았다. 손님 중에서 내가 말을 먼저 안 걸면 5분 이내에 매장을 살펴보고 그냥 나가는 일이 많았다. 그런 날은 나 때문에 손님이 다 나간 거 같고 오늘 시계를 하나도 못 팔면 어쩌지라는 생각에 점심까지 스트레스로 배가 아픈 날도 있었다. 시간이 갈수록 나는 빨리 일을 그만두고 싶었다. 몇 번을 그만두려다가 월급날까지만 하며 버틴 게 한 달째 되는 날이었다.

매장에 손님이 오면 인사 정도는 할 수 있을 정도가 되었다. 문제는 시계를 파는 판매 능력이 부족해서 들어온 손님을 놓치는 날이 많았다. 나는 '왜 시계를 팔지 못하는 것일까?' 고민할 때였다. 그때 손님으로부터 아이디어를 얻었다.

스와치는 빠르면 3개월, 반년마다 새로운 디자인과 기능의 100여 종의 신제품을 출시한다. 보통의 시계는 모델명과 제품번호로 구별한다면 스와치는 시계마다 이름이 있다. 예를 들면 '브리즈그라스'라는 시계의 이름이 떠오른다. 이 시계는 얼음을 부수는 배 즉 쇄빙선이라는 뜻이다. 그때부터 시즌별 제품에 관한 정보를 외웠다. 제품에 대해 정확하게 알아야 고객에게 제대로 설명을 할 수 있다는 기본적인 사실을 뒤늦게 깨달았다.

시계를 파는 일은 생각보다 여러 가지 능력을 요구한다. 다른 상품에 비해 시계를 고르는 고객의 기준은 까다롭다. 따라서 고객의 니즈를 빠르고 정확하게 파악하고 응대를 해야 제품 판매로 이어질 확률이 높다.

또 제품에 대해 꾸준히 공부하면서 시계에 담긴 이야기를 고객에게 소개했다. 시계를 하나도 못 팔던 아르바이트생이 하루 백만 원 이상의 매출을 올리기까지 몇 달이 걸렸다. 어느덧 매장 관리부터 매출 관리까지 전천후 1인 사장의 역할을 하나씩 배운 셈이다. 나도 40대의 어느 날 꿈꾸던 매장을 하나 차려 사장을 하고 있지 않을까? 당시에는 그저 꿈같은 이야기일 뿐이라고 생각했고 창업은 꿈도 못 꿨다.


1년이 지난 후 나는 다시 학교로 돌아갔다. 휴학계를 낼 때 학과장님께서 휴학 사유를 물으셨다. 집안 사정으로 인해서 휴학하겠다고 말씀드리고 도장을 받았다. 지금 생각해 보면 그때 나는 꿈과 비전을 찾지 못해서 방황한 시기였다는 생각이 든다. 21살에 이른 사회생활을 경험해 보고 많은 것을 느꼈다. 누군가에게 물건을 팔아본 경험이 있다는 것은 무엇이든 할 수 있다는 자신감을 심어주었다. 또 새로운 분야에 도전해서 많은 실수 끝에 성공 경험을 하게 된 것도 의미 있는 일이다.

처음 창업할 때 가장 중요하게 생각한 것은 내가 가진 아이디어와 최소의 자본으로 할 수 있는 일은 무엇인가였다. 내가 가장 잘 아는 분야로 창업을 해야 성공할 수 있다고 생각한다. 그래서 공부방을 창업했다. 14년간 교육 서비스 분야에서 종사했던 경험을 살린다면 충분히 승산이 있을 거라고 판단했기 때문이다. 옛말에 첫술에 배부르지 않다고 했다. 많은 사람은 사업을 시작한다고 하면 사무실부터 모든 물품을 다 준비하고 시작해야 한다고 생각한다. 업종에 따라 사무실이 필요하지 않거나 작은 공간만으로 운영이 가능한 업종도 많다.

1인 기업을 준비하는 사람이 사무실을 얻는 것보다 가장 먼저 해야 할 일은 무엇일까? 1인 기업 창업을 할 때 반드시 비전을 먼저 세워야 한다고 생각한다.

우리가 잘 아는 세계적인 소셜미디어 페이스북의 비전은 끊임없는 혁신을 통해 동시대의 사회적 흐름을 반영하고 나아가 세상을 더 좋게 변화시키는 시스템을 제공하는 것이라고 한다. 어떤 기업이나 시작할 때부터 잘 되는 것은 아니라고 생각한다. 창업한다고 그 즉시 매출이 생기거나 수입이 안정되는 것은 더더욱 아니다. 그렇다면 그럴 때마다 흔들리지 않으려면 비전을 바로 세워야 한다. 힘이 들 때 흔들리지 않고 버틴다면 나와 함께 1인 기업은 동반 성장이 가능해진다. 길거리에서 어묵 하나를 사 먹더라도 원조라는 말이 붙으면 다음에 꼭 그 집을 찾게 된다. 시작은 1인 기업이라 할지라도 오래 버티면 원조 맛집이 될 수도 있다는 말이다.

　나는 아파트의 작은방에서 시작해서 지금은 5평의 작은 교습소를 운영한다. 자본금은 2,000만 원 대출로 시작했고 창업 2년 만에 대출금을 모두 상환했다. 또 하루 4시간 일하고 매달 500만 원 이상 매출을 올렸다. 고정비 지출을 최소화해서 매출 대비 순이익은 80% 이상이다. 다른 업종에 비해 수입에서 고정지출을 제외하면 나머지는 대부분 수입으로 돌아오는 구조의 일이 교육 서비스업이다. 작은 규모로 최소한의 임대료와 고정지출을 설정해서 최대 매출을 880만 원으로 잡고 사업을 시작했다.

　내가 운영하는 교습소 이외에도 소자본 창업의 종류는 다양하다. 남들이 해서 잘 된다고 내가 잘 되는 것은 아니다. 그렇다면 소자본창업에서 반드시 당신만이 잘 할 수 있는 아이템을 찾아야 한다. 그리고 내가 왜 그 일을 해야 하고 그 일을 통해 나는 행복한지에 대해 떠올려 보자. 그것이 소자본창업에서 성공하는 길이다. 앞으로 당신만의 비전을 반드시 찾길 바란다.

# 누구나 한다고 성공이 아니라, 내가 해야 성공이다

"누군가 나에게 당신의 인생은 성공한 삶인가요?"라는 질문을 한다면 나는 어떤 대답을 해야 할까? 인생이란 '사람이 세상을 살아가는 일'이라는 뜻이다. 질문을 바꿔서 "세상을 잘 살아가고 있나요?"라고 묻는다면 나는 "네"라고 자신 있게 답할 수 있다.

불과 3년 전의 나와 지금의 나는 전혀 다른 삶을 살아가고 있다. 하루하루 육아와 일상에 찌들어서 나 자신이 누구인지, 무엇을 위해서 살아가는지 모르는 삶을 살았다. 과도한 스트레스와 걱정으로 사는 하루는 무엇 하나 즐겁지 않았다.

문득 그런 생각이 들었다. 나는 점점 소중한 무엇을 잃어버리고 있는데 그건 뭘까? 일상에서 반짝반짝 빛나는 그 사람만의 향기가 나에게서 사라진 것이다. 그해 겨울 어느 날, 내 생일날이었다. '미스 디올'이라는 향수와 함께 동생이 보낸 카드에는 이런 내용이 씌어 있었다.

"언니는 향기로운 사람이야. 언니가 행복했으면 좋겠어."

누군가에게 그토록 듣고 싶었던 위로였다. 그 한마디 말로 인해 나는 용기를 얻었다, 사람들은 넘어졌을 때 어떻게 행동할까? 누군가 넘어진 모습을 볼까 창피해서 벌떡 일어나는 사람도 있다. 또, 아무 일도 아니라는 듯이 손바닥을 털고 일어나는 사람들도 있다. 나는 넘어진 후 한참 주저앉아 있다가 겨우 일어난 사람이다. 다시 일어날 기회를 기다렸다. 때로는 기다림의 시간이 자신을 성장시키기도 한다.


나라는 사람의 정체성을 찾으면서 제일 먼저 든 생각은 무엇이든 해보고 싶었다. 아파트 게시판에 아파트 입주민을 위한 커뮤니티 공간인 카페 자원봉사자를 모집한다는 내용의 글을 보고 지원했다. 오전에 아이들을 학교에 보내고 난 후 좀 더 바쁘게 하루를 살며 의미 있는 일을 해보고 싶었다. 돌이켜 보면 그때 나는 자존감을 회복하고 자신감을 얻을 수 있었던 시간을 보냈다.

내가 누구이고 나는 어떻게 살 것인가에 대한 생각이 끝나자마자 일이 정말 하고 싶었다.

아이들을 키우면서 육아와 동시에 할 수 있는 일은 무엇일까? 적성과 전공을 살린 1인 공부방을 해야겠다고 결심했다. 1인 공부방 운영자의 조건은 그리 까다롭지 않다. 진입 장벽이 낮다는 것은 그만큼 많은 사람이 같은 분야에 도전한다는 것을 의미한다. 나도 그중 한 사람일 뿐이다.

그렇다면 나는 동종업계 1인 공부방 원장님들과 무엇이 달라야 할까? 처음 공부방을 시작하는 사람이라면 누구나 차별화 전략이 중요하다는 것을 알고 있다. 다만 자신만의 색깔과 향기를 찾기란 무척 어려운 일이다. 대개 다른 공부방에서 하는 방식을 모방하거나 기존에 근무한 곳에서 배운 방법으로 수업을 하는 경우가 많다. 익숙하고 편하다는 것은 이미 남들도 알고 있는 내용에 머문다는 뜻이다.

나만의 차별화된 운영 방법을 만들기 위해서는 무엇부터 해야 할까? 나의 경우는 내가 제공할 수 있는 교육 서비스를 A에서 Z까지 나열해서 적어보았다. 동종업계 관련 종사자들이 활동하는 카페와 오픈 카톡방에서 시장조사를 통해서 비슷한 점과 다른 점을 A4 용지에 하나씩 써 내려갔다. 아무리 머릿속에 있는 내용이라 할지라도 한눈에 보이도록 표로 만들어서 내 교육 서비스 상품과 다른 사람과의 차이를 직접 기록하는 것이 좋다.


평소 친하게 지내는 원장님들과의 커뮤니티에서 현장에 계신 다른 원장님들께 조언을 구했다. 수업 진행 방식부터 학부모 상담법 등을 묻고 답하면서 익혔다. 현직에 계신 선생님이기에 바로 피드백이 해

준다는 게 큰 장점이다. 특히 책이나 온라인상으로는 알 수 없는 생생한 정보들을 다양하게 얻을 수 있어서 동종업계 종사자들과의 교류는 필요하다.

1인 공부방으로 창업하고 싶다면, 각종 세미나에 참여하고 세미나 이후 모인 선생님들과 지속적인 모임을 만드는 것도 좋다. 모임을 직접 만드는 것이 부담된다면 이미 만들어진 커뮤니티에 가입하는 것도 괜찮은 방법이다. 예를 들면 각 출판사 카페에 교사 모임이 가능하도록 운영되고 있다. 출판사별 오픈된 자료 제공과 더불어 거기 모인 선생님의 노하우를 배울 수 있다. 또, 온라인이나 오프라인 모임까지 이어지도록 출판사가 지원하고 있다. 블로그나 인스타에서 영향력이 있는 선배 원장님이 운영하는 세미나를 들으면 1인 원장의 공부방 운영에 도움이 많이 된다.

아이들에게 동화책이나 교구 하나를 사주고 싶어도 외벌이를 하며 새로 나온 제품들을 다 살 수는 없었다. 주변 지인에게 물려받은 책과 교구 그리고 중고로 산 것들이 대부분이었는데 한 번쯤은 내 힘으로 번 돈으로 아이들에게 새 책을 번듯하게 사주고 싶었다.

아침 일찍 유아 교육 전시회장에 가서 구석구석 돌아다니며 새로운 제품을 찾아다녔다. 당시엔 내 아이를 위해 좋은 책과 교구를 고르려고 돌아다녔다. 지금은 그때 누적된 경험을 하나씩 꺼내서 교육 시장의 흐름을 남보다 빠르게 파악하는 능력을 갖추게 되었다. 세상에 헛

된 일은 하나도 없고 그 작은 일이 모여 경험이 된다는 사실을 알게 되었다.

매일 아침 눈을 뜨면 하루가 즐겁지 않았던 때가 있었다. 서른 초반에 첫아이를 낳고 세 아이를 키우며 7년이라는 시간은 그렇게 지나갔다. 그 시간에 나는 무엇을 했나를 돌이켜 보면 마냥 놀고 있었던 것만은 아니었다. 약간의 용돈을 벌어보고자 시작한 것이 좌담회 아르바이트였다. 그 일을 통해서 세상에 나오는 새로운 제품을 가장 먼저 만나는 소비자가 되어서 제품에 대해 자유롭게 의견을 말하는 일을 했다. 또 신제품 과자 맛 테스트라는 아르바이트를 통해서 과자의 품질과 맛에 대한 보고서를 작성하면서 잊고 지냈던 글쓰기에 대한 열정도 다시 생겼다.

전업주부로 살아온 7년, 그사이 나는 그냥 멈춰있었던 게 아니었다. 내가 공부방을 창업하고 1인 교습소로 확장해서 성공하기까지 나의 원동력은 바로 경험이었다. 당장 돈을 벌지 못한다고 해서 놀고 있는 것은 아니다. 아이를 잘 키운다는 것, 그것은 매우 힘든 일이다.

그 힘든 일을 하면서 동시에 엄마들은 준비한다. 나는 엄마라서 할 수 있었다. 그리고 나라서 할 수 있었다고 말한다. 누군가 나처럼 아무것도 할 수 없다는 생각에 힘든 시간을 보내고 있다면 괜찮다고 말해주고 싶다. 누구나 넘어지면 잠시 일어서지 못할 때도 있다. 가끔 누구에게나 숨 고르기를 하는 시간이 필요하다.

그 시간이 1년. 2년. 3년이 걸릴지도 모른다. 만약 끝까지 포기하지 않고 끝내 일어선다면 분명 당신이라서 할 수 있는 일은 있다. 나는 그 사람에게 박수를 보내고 싶다. 많은 사람은 인생에서 모두 성공하기를 꿈꾼다. 나 또한 마찬가지이다. 내가 생각하는 성공의 기준은 돈을 잘 버는 것이 아니다. 아침에 일어나면 출근할 곳이 있고 내가 좋아하는 일을 하는 것으로 충분하다.

만약 누군가 "당신은 성공한 삶을 살고 있나요?"라고 묻는다면 나는 이제 망설임 없이 대답할 수 있다.

"네, 저는 성공한 삶을 살아가고 있어요."

# 제3장
## 평범한 직장인에서
## 글로벌 비즈니스를 꿈꾸는 사업가로

루시정

# 퇴사 후, 새로운 삶을 설계하다

끝은 또 다른 시작이다! 2021년 7월 나는 오랜 고민 끝에 10년간 다녔던 호텔리어 일을 내려놨다. 코로나 기간 둘째 아이 출산 후 집에서만 머무는 시간이 길어졌다. 나에겐 뭔가 새로운 돌파구가 절실히 필요했다.

어느 날 카톡을 보다 생일인 친구에 조리원 동기였던 희경 언니의 생일 알람이 떠 있었다. 나는 반가운 마음에 바로 축하 겸 안부를 묻는 카톡을 보냈다. 희경 언니는 퇴사 후, 작가 겸 강사가 되어 자유롭게 글을 쓰고, 온라인을 통해 강의도 하면서 즐겁게 지낸다고 했다. 언제나 열심히 살고 있는 희경 언니를 볼 때마다 정말 보기 좋았다. 언니랑 대화하는 도중, 문득 나도 글쓰기를 시작해 봐야겠다는 생각이 들었다. 그

때, 언니에게 좋은 온라인 강의가 있으면 추천해달라고 했다.언니는 나에게 '나를 알아가는 글쓰기', '나를 브랜딩 하는 글쓰기', '책 쓰기' 이 세 가지 강의를 추천해 주었다. 나는 이 세 가지 주제를 유심히 살펴보다 '나를 브랜딩 하는 글쓰기'에 끌렸다. 그리고 운좋게 '나블(나다운 블로그 브랜딩 글쓰기) 프로젝트 3기'수업에 참여하게 되었다.

나와 함께 온라인 수업에 참여하는 사람들의 배움의 욕구는 참 다양했다. 블로그로 브랜딩 하고 싶은 사람, 예비 작가, 강사가 되고 싶은 사람, 1인 기업가를 꿈꾸는 사람, 책 출간의 꿈이 있는 사람, 지식 크리에이터가 되고 싶은 사람, 지식 노마드가 되고 싶은 사람, 개인 브랜딩을 원하는 사람, 인디펜던트 워커로 일하고 싶은 사람 등 정말 다양했다. 나는 그냥 단순하게 블로그를 해보고 싶은 마음에 글쓰기를 시작했다. 줌이라는 가상공간을 통해 글쓰기를 배우고 싶어 하는 새로운 사람들을 알게 되었다. 나는 그들과의 소통을 통해 다시 삶의 활력을 되찾기 시작했다. 변화가 필요한 시점에 만난 글쓰기는 진짜 나를 찾는데 많은 도움을 주었다.

나는 어릴 때부터 참 호기심 많은 촌애따이(촌에서 자란 아이)였다. 제주도에서도 동쪽 끝에 있는 성산 일출봉에서 태어나 바다를 놀이터 삼아 늘 자연과 함께했다. 방학이 되면 가끔씩 서울 외가댁에 올라가 도시생활을 경험했다. 그러던 어느 날 평상시처럼 바닷가에서 놀고 있었는데, 그날따라 바다 저 넘어의 세상이 궁금해지기 시작했다. 가끔씩 서울 외가댁에 다녀올 때마다 나는 좁은 성산을 벗어나 더 넓은 곳으로 나가고 싶었다.

고2 때, 제2외국어로 중국어를 선택했다. 중국어는 생각보다 너무 재밌었다. 그래서 쉽게 대학 전공을 중국어과로 정할 수 있었다.

20살 12월 중국 베이징으로 한 달간 어학연수를 간 것을 계기로 그때부터 나의 8년간의 중국 생활이 시작되었다. 작은 제주 섬을 벗어나 거대한 중국 대륙으로 간 나는 모든 게 다 신기했고 자유로웠다. 제주를 벗어나 처음 가본 나라가 중국이었다. 중국의 수도 베이징에는 세계 각국에서 중국어를 배우러 온 외국인들이 넘쳐흘렀다. 덕분에 나는 중국 유학 생활을 통해 아주 값진 경험을 할 수 있었다.

그중에 친하게 지냈던 외국 친구가 한 달 중 보름은 베이징에 머물고 보름은 세계 곳곳을 돌며 여행하는 삶을 살고 있었다. 나는 그 친구의 삶이 너무 부러웠다. 나는 그 친구에게 "어떻게 하면 너처럼 이런 멋진 직업을 구할 수 있는 거야?"라고 물어봤고, 그 친구가 말했던 것이 내가 일을 선택하는 기준이 되었다. 첫째, 미국이 본사인 곳을 택할 것. 둘째, 기술력이 세계 최고인 곳을 선택할 것. 그러면 그 기술을 전파하러 전 세계를 돌아다니는 삶을 살 수 있다는 것이었다. '바람의 딸 한비야'처럼 세계 곳곳을 누비며 여행하는 삶을 살 나를 상상하니 너무 흥분되었다.

글쓰기를 통해 나는 스스로에게 끊임없이 질문을 던졌다. "난 누구지?" "내가 정말 원하는 것은 무엇일까?" 이렇게 나를 탐구하기 시작하니 참 감사하게도 내가 나아가야 할 방향이 차츰 드러나기 시작했다. 예전에는 "지피지기 백전백승." "너 자신을 알라."라는 말들이 머리로는 이해했지만 진정 가슴으로 와 닿지는 않았다. 그런데 3개월간의 글쓰기 프로젝트가 마무리되었을 때, 나는 완벽히 20대의 열정 넘치는 정미선으로 돌아와 있었다. 이젠 더 이상 누군가의 며느리가 아닌, 누군가의 와이프가 아닌, 누군가의 엄마가 아닌, 바로 진정한 나로!

# 기적을 일으키는 감사의 힘으로

"항상 기뻐하라 쉬지 말고 기도하라 범사에 감사하라." 나 스스로에게 한번 물어보자. 하루에 나는 몇 번 감사를 외치고 있는가? 감사의 힘을 아는 사람은 마음이 풍요롭고 여유로울 것이고, 그렇지 못한 사람은 매사에 불평불만을 달고 살 것이다. 5년 전의 내가 바로 후자의 모습이었다. 모든 일을 부정적인 태도로 삐딱하게 바라보는 드라마걸!

그러던 어느 날, 지인 분의 추천으로 네트워크 마케팅 사업설명회에 참여하게 되었다. 그날 두 명의 연사가 나와서 강의를 했다. 첫 번째 강사는 미국계 한국인으로 자신이 하고 있는 글로벌 비즈니스를 보여주었고, 다른 한 분은 50대 후반의 중후한 신사로 PPT 자료 없이 한껏 여유로움을 뿜어내며 자신이 살아온 삶을 솔직 담백하게 풀어내주셨다.

이 두 분이 강의하는 내내 내뱉는 공통적인 단어가 비즈니스를 알아보는 나에게 호기심을 불러일으켰다. 그것은 바로 "이 비즈니스를 알게 되어 참 감사하다."였다. 나는 비즈니스 보다 그들이 무엇 때문에 이 비즈니스에 감사하다고 하는지 그것이 더 궁금했다. 그 당시 나는 첫아이 육아휴직 중이었고, 나를 둘러싼 모든 것들이 다 불만이었다. 출산 후 독박 육아하는 것도 힘들었고, 회사 복직 후 내 일자리가 사라질까 봐 조마조마했다. 마음 같아선 아이를 돌보면서 할 수 있는 좋은 일을 찾고 싶었지만, 그런 일이 어떤 일인지도 감이 오지 않았다. 매일 아이만 돌보느라 자기 계발하는 시간을 갖기는커녕 제대로 쉬지도 못했다. 맘 편하게 앉아 밥도 못 먹고, 밤에 모유 수유하느라 잘 자지 못한 나는 극도로 예민해져 있었다. 그런데 이 두 연사는 내가 살고 싶은 삶을 살면서, 말끝마다 감사를 표현하고 있었다.

그 당시 나는 그 말조차 가식으로 느껴질 만큼 많이 꼬여있었다. 그런데 참 신기하게도 계속 듣고 있다 보니 문득 이런 생각이 들었다. '나는 모든 것이 다 불만인데 저분들은 뭐가 그렇게 감사하다는 걸까? 나도 그 느낌을 알고 싶다.'였다. 그 당시 정체기에 빠져있던 나는 변화가 필요했다! 만약 나도 저분들처럼 끊임없이 감사하다는 말을 내뱉는다면 나에게도 뭔가 변화가 일어나지 않을까? 그날 이후 나는 '감사'라는 단어에 매료되었다.

내가 좋아하는 책 중에 《2억 빚을 진 내게 우주님이 가르쳐 준 운이 풀리는 말버릇》이 있다. 그 책을 통해 '감사합니다' 말하는 연습을 하게 되었다. 처음에는 '하루에 500번을 어떻게 해?'라고 생각했다가 '나중에는 한번 해볼까?'로 바뀌었다. 나는 시간 날 때마다 의식적으로 중얼거렸다. 100번 말하는데 3분 정도 걸렸고, 500번 말하는 데는 15분밖에 걸리지 않았다. 그리고 더 신기한 것은 '감사합니다'를 외치는 동안 긍정 에너지가 마음속 깊이 뜨겁게 솟아올랐다.

나는 네트워크 마케팅 사업을 통해 멋진 리더들을 만날 수 있었다. 그들의 공통점은 하루를 감사로 시작해서 감사로 마무리한다. 하루는 한 60대 리더의 인문학 강의를 들었다. 그 강의 중에서 가장 기억에 남는 건 감사에 관한 그의 철학이었다. 그분은 매일 모닝 루틴을 감사 기도로 시작한다고 했다. 오늘도 건강하게 눈을 떠서 멋진 하루를 시작할 수 있음에 참 감사합니다. 여러분은 아침이 오는 것을 너무나도 당연하게 받아들이고 있진 않나요? 어느 가장은 아침에 가족들에게 잘 다녀오겠다고 인사를 하고 나가서 갑자기 불의의 교통사고를 당할 수 있고, 또 어떤 사람은 잠자다가 심장마비로 저세상으로 떠나 다음 날 눈을 못 뜰 수도 있는데, "여러분은 오늘 아침 눈을 뜰 때 어떤 기분으로 하루를 시작하셨나요?"라고 질문할 때 정말 부끄러웠었다. 나는 매일 반복되는 지루한 일상이 힘들었고 하루의 소중함을 깨닫지 못했다.

그날 이후 나는 그분의 교훈을 받고 아침을 감사로 시작했다. 그런 모습을 보고 자란 우리 아이들 입에서 '감사합니다'라는 단어가 자연스럽게 나올 때 참 뿌듯하다. 시간이 흘러 어느새 불평불만을 입에 달고 살았던 드라마 걸 정미선에서 지금은 작은 일에도 감사할 줄 알고, 긍정 에너지를 내뿜는 정미선으로 성장했다.

이 또한 참 감사하다! 감사의 힘을 몰랐더라면 나는 지금 어떠한 모습으로 살고 있을까? 생각만 해도 아찔하다.

감사는 축복의 통로다. 감사하는 마음에는 자석과 같은 힘이 있어서 감사하면 할수록 좋은 일들을 더 많이 끌어당긴다. 지금도 헬스장에 가서 러닝머신을 뛰는 40분 동안 나는 의식적으로 '고맙습니다. 사랑합니다'를 중얼거린다. 처음 10분 동안에는 감정이 고요하다가 점점 시간이 지날수록 마음속 깊숙이 좋은 에너지가 온몸으로 흘러넘치는 것을 느낄 수 있다.

그리고 또 하나의 간단한 방법이 있다. 바로 감사 일기를 쓰는 것이다. 예전에 오프라 윈프리 책을 읽다가 매일 감사할 일 5개씩 적어보기를 했었다. 막상 적기 시작하니 처음에는 5개도 떠오르지 않았다. 그런데 일상에 대한 아주 사소한 것부터 감사하기 시작했더니 시간이 지날수록 5개는 순식간에 써 내려갔다. 나에게 주어진 이 시간에 감사. 글을 쓸 수 있는 필기도구에 감사. 건강한 내 손과 눈에 감사. 아늑한 공간이 있는 것에 감사. 감사할 거리가 많음에 감사! 그리고 안 좋은 상황에서 부정적인 생각들이 스멀스멀 올라올 때도 빠르게 알아차리고 감사할 거리를 찾는 경지까지 올라왔다. 이처럼 감사하는 좋은 습관은 나의 삶을 풍성하게 만들어 주었다.

# 멀리 가려면 혼자 가지 말고, 함께 가자

"빨리 가려면 혼자 가고, 멀리 가려면 함께 가라."라는 아프리카 속
담이 떠오른다.

중국 유학 생활을 마치고 2012년 한국에서 첫 직장 면접 준비를 할
때였다. 면접관들에게 나를 알릴 임팩트 있는 멘트가 필요했다. 우연
히 TV를 보다 한 광고에 시선이 머물렀다. 새들이 함께 비행하는 장면
이었는데, 한 팝송이 나오면서 한글자막으로 "멀리 가려면 함께 가라!"
라는 메시지를 전달해주었다. 면접 당일 약 30분간의 질의응답을 주고
받은 후 면접관이 마지막으로 하고 싶은 말이 있는지 물어봤다. 나는
이때다 싶어서 준비해간 광고 멘트와 노래를 부르며 이 광고에 나오는
것처럼 귀사에서 멀리 오래가고 싶다는 나의 포부를 밝혔다. 나의 바

람대로 면접관들에게 나를 제대로 각인시키는데 성공했다. 이때 일을 계기로 난 이 아프리카 속담을 마음 깊이 각인시켰다.

돌이켜 보니, 내가 뭔가를 시작할 때, 나는 항상 마음이 맞는 사람들과 함께 했다. 초등학교 시절 놀이를 할 때도, 성당에서 봉사를 할 때도, 중국 유학을 할 때도, 독서모임을 할 때도, 비즈니스를 할 때도 그랬다. 지금으로 치며 커뮤니티의 힘을 예전부터 잘 사용했다.

중국 유학 생활을 마치고 첫 직장으로 들어간 곳은 호텔이었다. 내 나이 스물여덟 살이었다. 보통 호텔처럼 서비스업은 전문대 졸업 후 바로 취업이 가능한 곳이다. 그래서 그런지 나이 어린 선배들이 대부분이었다. 철없던 학창 시절과는 다르게, 일반 사회생활은 인턴에서 정직원이 될 때부터 서로 경쟁의 구도로 이어졌다. 정직원이 되고 나서도 승진을 하려고 서로 견제하고, 위로 올라갈수록 세력 다툼이 심해졌다. 시간이 흐를수록 이런 조직사회에 점점 답답함을 느끼기 시작했다.

다행히 첫아이 출산 후, 육아휴직을 하는 동안 나를 돌아보는 시간을 갖게 되었다. 그 당시 나는 나에게 끊임없이 질문을 던졌다. '나는 지금 내가 하고 있는 이 일로, 사랑하는 내 아이에게 원하는 삶을 살게 해 줄 수 있을까? 우리 부모님이 전적으로 나를 지원해 주었던 것처럼?' 돌아오는 대답은 항상 'NO'였다. 나는 뭔가 새로운 돌파구가 필요했다. 그렇게 미친 듯이 뭔가를 찾고 있을 때, 나는 독서모임을 통해서 인

생 책을 만났다. 바로 로버트 기요사키의 《부자아빠의 비즈니스 스쿨》이었다. 이 책에서 현금흐름 사분면(봉급생활자/자영업자 또는 전문직 종사자/사업가/투자가)을 처음 접했다. 세상의 모든 직업은 이 사분면 안에 속해 있다. 이 책을 통해 나는 '봉급생활자/자영업자/전문직 종사자'에서 '사업가/투자가'로 옮겨가야 한다는 것을 배우게 되었다.

내 주위에는 대부분 봉급생활자 또는 자영업자/전문직 종사자들이었다. 우리 부모님은 식당을 30년 넘게 하고 계셨는데, 나는 그것이 유일하게 잘 사는 거라고 믿고 살았다. 그런데 독서를 통해 나의 고정관념이 철저히 부서졌다.

그리고 네트워크 마케팅의 본질과 가치를 알게 되었다.

어느 날 내가 나를 바라보았을 때, 누구보다 꿈 많고 열정 넘치는 미선이는 사라지고, 어깨에 힘이 잔뜩 빠진 미선이만 껍데기처럼 남아있었다. 마치 조나단에게 중요한 건 먹이가 아니라 비행인 것처럼! 나에게도 당장 이 일로 생계는 유지하겠지만, 내가 원하던 삶은 아니었다. 그래서 나는 변화의 필요성을 절실히 느꼈고, 분명 다른 대안이 있을 거라 확신했다. 그것이 바로 내가 네트워크 마케팅을 알게 되면서 새로운 세상이 있다는 것을 직접 체감하게 되었다.

진정한 부자란 무엇일까? 예전에 나는 돈이 많으면 당연히 부자라고 생각했다. 그런데 지금은 '남이 진심으로 잘 되게 도와주고 선한 영향력을 펼치는 아름다운 부자가 진정한 부자다.'라고 생각이 바뀌었다. 네트워크 마케팅 안에서 우리 모두 살아온 배경은 서로 다르지만, 누구보다 서로의 꿈을 응원해 주고 믿어준다. 성인이 된 후, '너의 꿈은 뭐야?'라고 물어보는 사람이 과연 몇 명이나 될까? 한번 여러분도 이 질문에 스스로 답을 해보기를 바란다. 그리고 옆에 사람이 있다면 그들에게 어떤 꿈을 갖고 있는지 꼭 물어봐 주길 바란다.

내가 알고 있는 네트워크 마케팅을 하는 사람들은 모두 꿈쟁이들이다. 이런 사람들이 함께 모여 있는 것만으로도 엄청나게 좋은 에너지가 발산되고, 그 에너지는 전염성이 굉장히 강하다. 그리고 만날 때마다 '반드시 꿈을 이루세요.'라고 응원까지 해준다.

이들은 삶을 대하는 자세와 태도가 정말 진지하다. 그리고 남을 진심으로 도움으로써 본인의 성공이 찾아온다는 것을 아주 잘 알고 있다. 그래서 진짜 좋은 사람이 아니면 이 업계에서 살아남기가 힘들다. 나는 오늘도 이들과의 커뮤니티를 통해 꾸준히 나를 성장시키면서 부의 마인드를 키워나가고 있다. 나는 이런 내가 참 좋다! 역시 공동의 목표를 가지고 함께 해나가는 힘은 어디서나 빛을 발한다. 누구나 꿈이 있고, 새로운 세상을 마주하고 싶은 사람이라면, 나처럼 신념을 가슴 깊이 새기고 앞으로 전진 했으면 좋겠다.

# 1인 사업 뛰어들기 전
# 반드시 장착해야 하는 무기

'배가 항구에 정박해 있는 동안은 안전하지만, 배는 그렇게 정박해 있으려고 만들어진 것이 아니다.'

세상에는 탁월한 사람보다 평범한 사람들이 훨씬 많다. 하지만 평범한 사람이라고 해서 반드시 그 평범함에 안주할 필요는 없다. 평범함으로 친다면, 어쩌면 나는 평범 이하의 삶을 살고 있었다. 제주도라는 작은 섬에서 태어나 평범한 직장을 다니는 두 아이의 엄마. 그렇지만 마음속 저 끝에는 늘 평범함으로부터 벗어나고 싶었다. 스무 살 끝무렵에 제주를 벗어나 중국 베이징에서 유학 생활을 하며 제주보다 더 넓은 세상이 존재한다는 걸 알아버렸다.

다시 제주로 돌아와 호텔리어를 하며 결혼 후 아이 둘을 낳고 보니, 점점 내가 원하는 삶과 거리가 멀어지고 있었다. 나는 아이 둘의 엄마고, 몸담고 있던 호텔은 코로나가 시작되고 얼마 되지 않아 무급 휴가로 사람들을 내보냈다. 이런 눈앞에 보이는 사실만이 내게 와닿는 현실이었다. 둘째를 임신 중인 나는 기약 없는 무급휴가에 어떻게 해야 할지 몰라 그저 답답하기만 했다.

코로나가 장기화되면서 생각만 점점 많아졌다. 내가 원하지도 않는 이런 삶에 질질 끌려갈 것인지 아니면 정면 돌파할 것인지 선택의 기로에 섰다. 어떻게 해서든 살아가야 했고 더 이상 선택의 여지가 없었다. 나는 위기 상황을 직시하고 사회 변화의 물결에 합류하기로 결단했다. 이젠 오프라인이 아닌 온라인의 거대한 세상이 펼쳐졌다.

우연히 듣게 된 글쓰기 수업에서 '나 브랜딩'의 중요성을 배우며 깨달음이 왔다. 내가 찾던 것이 바로 이것이었다.

'내 인생에 전적으로 책임을 지면서 가장 나답게 사는 법.'

사람들은 '1인 기업가/사업가'라고 하면 '기업가/사업가'라는 이 단어에 지레 겁을 먹는다. 왜냐하면 한 번도 해보지 않았으니까! 그런데 관점을 바꿔 생각해 보면 그리 어려운 일도 아니다. 한 마디로 내가 '나 주식회사'의 설립자이자 사장이며 100% 주주임을 인식하고 자신의 소신에 따라 행동하면 되니까! 굉장히 심플해 보이지만 이 안의 본질은 제대로 파악해야 한다.

나는 1인 기업가라면 아무리 시간이 걸리더라도 이 두 가지를 꼭 짚고 넘어갔으면 한다. 첫 번째, 이 사업을 하는 강력한 'WHY'가 반드시 필요하다. 강력한 'WHY'를 쉽게 말하면, 원대한 꿈이다. 우리나라에서 어른들에게 "꿈이 뭐예요?"라고 물어보면 대부분 대답을 하지 못한다. 그 이유는 정말 다양하겠지만, 대부분 먹고살기 바빠서 꿈 따위는 생각할 겨를이 없다. 하물며 아이들에게 물어봐도 별반 차이 없다. 이런 아이들이 우리의 미래인데 참 안타까운 현실이다. 만약, 1인 기업가를 꿈꾼다면 아주 강력한 꿈을 갖는 것이 좋다. 그것이 무엇이든 본인이 진정 원하는 것이어야 끝까지 밀고 나갈 수 있다.

나는 어렸을 때부터 바다를 바라보며 늘 수평선 넘어가 궁금했다. 그러다 정말 운 좋게 제주도 섬을 벗어나 처음 나가본 해외 국가가 중국의 수도 베이징이었다. 보통 제주도 사람들은 서울처럼 대도시로 유학을 가거나 가까운 일본을 선택했다. 그렇지만 나는 식상한 것이 그냥 싫었다. 고2 때 제2외국어를 선택할 때, 10학급 중 8학급이 일본어, 단 2학급만 중국어였다. 제주도 특성상 관광서비스업이 발달해 있었고, 일본 관광객이 압도적으로 많았다. 그래서 제주도에는 일본어를 잘하는 사람이 넘치고 넘쳤다. 나는 매번 한자 시험을 볼 때마다 60점을 넘기지 못했다. 그런데도 일본어보다는 중국어가 끌렸다. 그런데 웬걸? 첫 수업부터 중국어가 너무 재밌고, 남들이 중국어를 못 알아들으니 그 쾌감이 더 짜릿했다. 고2 전까지 나의 최애 과목은 체육과 음악이었는데, 중국어가 하나 더 추가되었다. 역시 즐기는 사람은 못 당한다는 것을 그때 제대로 배웠다.

베이징 유학시절 만난 중국 사람들, 중국어를 배우러 중국 수도 베이징에 온 수많은 외국인들, 여러 문화권의 사람들이 어울리는 도시이다 보니 그때 문화의 다양성을 몸소 체득했다.

어찌 보면 그저 남들이 하지 않는 중국어를 선택했고, 그저 중국어가 재밌어서 중국어를 배우러 베이징에 갔을 뿐이다. 다양성이 공존하는 중국 유학 생활은 나의 좁은 시야를 엄청나게 확장해 주었다. 유학 생활을 하면 할수록 나의 꿈은 더 많은 나라를 돌아다니며 그 나라의 언어와 문화를 배우고 싶다는 더 큰 꿈으로 확장되었다.

두 번째, 가장 나다운 것이 가장 강하다. 우리는 태어나기 전부터 늘 누군가와 비교를 당한다. 글쓰기를 본격적으로 배우기 전까지 나도 남들과 나를 끊임없이 비교했다. 그 결과 나는 내 삶에 만족하지 못했고 늘 행복하지 않았다. 아티스트 웨이를 읽으면서 모닝페이지와 아티스트 데이트에 대해서 알게 되었다. 매일 아침 일어나 나의 잠재의식을 끄집어내어 글로 적기 시작하면서 나의 내면은 점점 나에 대한 확신으로 가득 찼다. 마치 내가 나와 사랑에 빠지기 시작하니 온 세상이 온 우주가 나와 사랑에 빠지는 느낌이 들었다.

아무리 힘들고 커다란 희생이 따를지라도 인생을 통해 자기 자신을 정복하고자 노력하는 것은 분명 가치 있는 일이다. 나의 꿈이 명확하고 나를 잘 이해하는 사람은 1인 기업가에게 반드시 필요한 조건이다. 이 두 가지가 앞으로 만나게 될 수많은 갈림길 앞에서 나의 내비게이션이 되어 내가 나아가고자 하는 방향을 정확히 제시하고 장애물을 거뜬히 뛰어넘을 수 있는 엄청난 용기를 줄 것이다.

# 인내와 꾸준한 노력이 답이다

"인생에 지름길 없다! 정도로만 가라!"

우리 할아버지가 한 말씀이다. 나에게는 참 한국판 맥아더 장군 같은 우리 할아버지! 동네 친구들은 누구보다 고지식하고 무표정인 우리 할아버지를 굉장히 무서워했다. 그러나 나에게는 누구보다 따뜻한 분이었다. 할아버지와 찍은 옛날 사진들을 보면 늘 나와 함께 환하게 웃고 계셨다.

내가 어렸을 때 우리 할아버지는 한자를 끝내주게 잘 쓰고, 성산이라는 작은 촌 동네에 살면서도 세상 흐름을 꿰뚫어 보는 그런 분이었다. 부모님이 살아 계실 때 배울 수 있는 것은 다 배워야 한다고 귀에 못이 박히도록 말씀하셨다. 내가 중국 유학 시절 한국에 1년에 딱 한 번 들어올 때도 부모님이 해물뚝배기 팔아서 어렵게 번 돈을 허투루 쓴다며 엄청 핀잔을 주었다. 중국어 공부 끝날 때까지 한국에 절대 돌아올 생각하지 말라고까지 했다. 그렇지만 오지 말라고 안 갈 루시정이 아니지! 나는 1년에 한 번씩 비자를 갱신해야 한다는 핑계로 겨울 방학 때마다 제주로 날아갔다. 우리 할아버지는, 말은 무섭게 해도 내가 한 번씩 제주에 갈 때마다 '사람이 지갑에 돈이 많아야 마음 씀씀이가 여유로워진다'며 매번 용돈을 두둑이 챙겨주셨다. 지금 생각해도 우리 할아버지는 참 지혜로운 분이었다.

열심히 하는 것과 서두르는 것은 분명 다르다. 그중에는 꼭 서둘러야 하는 일도 있지만 무엇이든 '절대시간'이 필요하다. 우리가 흔히 알고 있는 1만 시간의 법칙은 어떤 일을 할 때 반드시 적용된다. 여기서 주의해야 할 점은 그 1만 시간을 보내는 동안 먼저 목표를 설정하고 반드시 행동해야 한다. 지나치고 무리한 목표는 오히려 역효과를 낸다. 나를 쓸데없이 조급하게 만들고 실패로 가게 하는 지름길이다.

내가 가볍게 시작할 수 있는 첫 시작은 아침에 감사한 마음으로 눈을 뜨는 것이었다. 그러면 하루를 대하는 나의 태도가 감사함으로 풍성하게 채워지는 것을 느낄 수 있다. 그런 다음 이불을 정리하면서 의도적으로 감사할 거리를 계속 생각한다. 이런 좋은 습관들이 모여 나의 모닝루틴을 긍정 에너지로 가득 채워준다. 나의 좋은 습관들이 반복 지속되면서 어제보다 성장한 오늘의 나로 만들어주고, 남과 비교하지 않는 나만의 레이스를 펼칠 수 있는 건강한 나를 만들어주었다. 물론 나도 평범한 사람인지라 불평불만을 한다. 그럴 때마다 나의 부정적인 감정을 재빠르게 인식하고 감사할 거리를 찾는다.

네트워크 마케팅은 누구에게나 오픈 마인드이다. 그렇다보니 누구나 쉽게 들어오고 쉽게 생각한다. 그렇지만 여기서 중요한 점은 쉽게 들어왔다고 쉽게 성공하는 것은 절대 아니다. 모든 일에는 처음부터 시작이라는 오픈 마인드를 갖고 제대로 배우려는 자세가 필요하다. 세상 모든 것과 마찬가지로 이 사업에서도 공짜는 없다. 쉽게 생각해서 들어왔다가 생각보다 돈이 되지 않는다고 실망해서 떠나는 사람들도 있다.

네트워크 마케팅 사업은 '모죽'이 자라나는 환경과 비슷하다. 처음 씨앗을 심고 5년 동안은 아무리 주변 환경이 좋아도 눈에 띄는 변화가 없다. 자라지도 않고 죽지도 않는다. 그러나 그렇게 5년을 보내고 난 뒤에는 갑자기 하루에 70센티미터씩 쑥쑥 자라기 시작하는데, 6주 동안 하루도 쉬지 않고 성장해서 나중에는 길이가 무려 30미터가 넘는다고 한다. 정말 대단하지 않은가! 그렇다면 이 모죽은 6주일간 자라난 것일까? 아니면 5년 6주일간 성장한 것일까? 당연히 준비 기간으로 보낸 5년이 없었다면 나머지 6주일도 없었을 것이다. 5년 동안 땅속 깊이 뿌리를 뻗어 십 리가 넘는 땅에 탄탄한 기초를 다진 덕분에 그 짧은 기간에 쑥쑥 자라난 것이다.

네트워크 마케팅 사업도 마찬가지다. 회사마다 조금씩 차이가 있지만 일정 직급 이상이 되어야 비로소 펌프질이 시작되어 안정적인 수입을 얻을 수 있다. 사업 특성상 일정 기간이 지난 후에 크게 점프 업 되는 특징을 가지고 있기 때문이다. 그러므로 처음부터 어느 정도 기대하는 수입이 있다면 투잡으로 시작하는 것도 한 방법이다.

다시 한번 강조하지만 네트워크 마케팅 사업이 아무리 사업적 조건을 유리하게 제시해도 결국 사업을 해야 하는 사람은 네트워커 자신이며, 네트워커는 자신의 노력과 시간을 투자해 열심히 노력할 각오를 다져야 한다. 인내하고 꾸준하게 노력하는 사람만이 성공의 열매를 딸수 있기 때문이다.

# 과거는 버리고 비전은 세워야 한다

2022년 내가 참여하고 있는 독서모임에서 하브에커의 《백만장자 시크릿》 책을 가지고 부자 마인드에 대한 공부를 시작했다. 그를 통해 생각의 힘이 굉장히 중요하다는 것을 재인식하는 시간을 가졌다. 내가 어린 시절 어떤 말을 듣고 자랐는지, 누구를 보고 자랐는지, 어떤 경험을 했는지 정말 중요하다. 나는 과거의 나의 생각을 먼저 점검하고, 앞으로 나에게 도움 되는 것들로만 삶에 적용하기로 다짐했다.

나는 먼저 나에게 질문을 던졌다. "지금 삶에 만족해?" 나의 대답은 "NO"였다. "그럼 네가 진정으로 원하는 게 뭐야? 넌 어떤 삶을 살고 싶어? 하고 싶은 것이 있다면 한계를 두지 말고 그냥 한번 시작해 봐." 라고 나의 마음의 소리가 들렸다. 나는 다시 원점으로 돌아와 나를 탐구하는 것부터 시작하기로 했다. 그 첫 시작이 나를 알아가는 글쓰기였다. 가장 원초적인 질문들을 통해 나를 탐구하기 시작하니, 내가 좋아지고 나를 믿는 힘, 나에 대한 확신이 점점 강해졌다. 어렸을 때 나는 늘 남과 나를 비교하는 좁은 환경에서 자라서 나의 가치를 몰라도 너무 몰랐다. 그런데 글쓰기를 통해 나와 끊임없이 소통하고 내가 원하는 것들을 하나하나 알아가기 시작했다. 내가 좋아하고 잘할 수 있는 나의 강점에 집중하기 시작했다.

1인 기업을 시작함에 있어 첫 번째 해야 할 일은 바로 '나 브랜딩'이다. 1인 기업가로서 내가 가져가야 할 신념과 가치관이 앞으로 나의 방향을 결정하니까! 성장하는 공부를 하는 동안 내 과거의 생각과 행동이 나를 지금 이 자리에 데려다 놓았다는 사실을 알게 되었다. 나는 내 삶을 더 높은 차원으로 끌어올리기 위해 과거의 생각과 행동방식을 과감히 버리고, 앞으로 나에게 도움이 되는 것들로만 받아들이기로 했다.

우선, 나는 닉네임을 '이너뷰티코치 정미선'으로 정했다. 내면의 아름다움이 결국 외면의 아름다움을 만든다는 신념이 투영되었다. '이너뷰티코치 정미선은 건강한 아름다움을 추구하는 모든 사람들에게, 나만의 특별한 개인 맞춤 컨설팅을 통해, 가장 아름다운 당신을 만날 수 있도록 도와준다.' 닉네임과 나의 신념 가치관을 정하고 나니, 그에 상응하는 행동이 뒷받침되었다.

블로그에 뷰티와 건강에 대한 글을 연재하기 시작했고, SNS에 콘텐츠를 올릴 때도 방향이 정해지니 전보다 콘텐츠를 올리기가 한결 수월해졌다. 이런 콘텐츠들이 모여서 사람들을 만나서 말로 하는 것보다, 카톡으로 링크를 보내주거나 내 블로그를 보여주면서 애기를 하는 것이 전달력이 빨랐다.

문득 중국 유학시절 '루쉰'에 대해 써놓은 글이 생각났다. 루쉰은 일본 유학 당시 서양 의술(과학)을 배워 중국 전통(한의학)을 혁파해 중국의 육체적 건강의 미래를 만들려는 뜻을 세웠었다. 하지만 '환등 사건'을 계기로 중국인의 문제는 정신이라 진단하고 중국인의 정신을 개혁하기 위해 작가의 길로 들어섰다.

환등사건이란, 루쉰이 일본 유학 당시 일본인 교수가 틀어준 뉴스 필름 속에서 일본군에게 처형당하는 중국인 포로를 넋 놓고 바라보는 동포의 모습을 보고 충격을 받아, 중국인에게 정작 필요한 것은 몸을 고치는 의사가 아니라, 계몽 의식을 널리 알릴 수 있는 작가로 전향한 이유에 관한 것이다.

어찌 보면 의사라는 직업을 가졌더라면 조금 더 쉬운 길로 갈 수 있었지만, 루쉰은 다른 길을 선택했다. 그는 보다 이타적인 삶을 위해 어려운 길을 선택했고, 그의 선택으로 인해 중국인들뿐만 아니라 전 세계 사람들에게 선의의 영향력을 주었다. 나도 루쉰처럼 더 많은 사람들을 위해 선의의 영향력을 펼치는 위대한 사람이 되고 싶다.

'새 포도주를 낡은 가죽 부대에 넣지 아니하나니.' 성경의 한 구절처럼, 좁은 태도로는 폭넓은 삶을 살 수 없다. 우리는 틈만 나면 옛 방식과 생각의 틀에 스스로를 가둔다. 그러나 변하지 않으면, 원대한 비전을 품지 않으면, 우리에게 오는 최고의 기회를 놓칠 수 있다.

나는 매일 아침 이런 마음가짐으로 하루를 기분 좋게 시작한다. "오늘은 어떤 즐거운 일이 나를 기다리고 있을까? 오늘이라는 하루를 선물 받아서 너무 기분이 좋아! 참 감사하다!" 이런 생각만으로도 오늘이 너무 설렌다. 이 찰나의 나의 생각이 나의 성장과 풍요로움, 그리고 차고 넘치는 복을 끌어당겨준다. 순간순간 빛을 발하는 나의 좋은 생각들이 나를 더 좋은 곳으로 데려다줄 것을 믿기에 나는 오늘도 묵묵히 나의 길을 걸어갈 수 있다.

# 사업 시스템을 이해해야 지속 가능하다

1970년대 프랜차이즈 사업은 비즈니스 세계에 혁명을 불러왔다. 그 개념은 모회사가 부지 선정, 운영 과정, 구매 요건, 종업원 훈련을 포함한 완벽한 비즈니스 시스템을 제공하는 것이다. 프랜차이즈 가맹점은 이익의 일정 부분을 포기하는 대신 사업의 성공 확률을 상당히 끌어올릴 수 있다. 맥도널드는 성공적인 프랜차이즈의 완벽한 사례다. 그 비결이 무엇일까?

비밀은 시스템에 있다. 이것은 지금까지 개발된 가장 완벽하고 구체적이고 검증된 시스템들 중 하나다. 그대로 따르기만 하면 되는 이런 시스템은 신규 사업의 성공 비율을 비약적으로 높여 준다. 지금도 그때처럼 프랜차이즈 사업은 개인 사업보다 성공 확률이 높다.

1970년대에 네트워크 마케팅에서도 유사한 변형이 일어났다. 거의 블루칼라 노동자들의 전유물이었던 네트워크 마케팅이 화이트칼라 전문직들을 끌어들이기 시작했다. 기존의 사업자들은 대부분 이 일을 판매업이라 여겼고 실제로 대부분 집집마다 돌아다니며 물건을 팔았다. 하지만 새로 편승한 사람들은 레버리지의 힘을 알아차리고 복제를 위해 열심히 일했다. 네트워크 마케팅을 단순히 부업으로 생각한 것이 아니라 자신들의 수입뿐만 아니라 평생직장 자체를 대체할 수 있다고 생각했다. 그래서 제대로 된 직업이 될 수 있다고 생각했다. 그 차이를 만든 것은 복제 가능한 시스템이다.

시스템이란 그 회사가 사업자들의 성공을 돕기 위해 오랜 기간 연구와 분석을 거친 끝에 개발한 여러 가지 활동을 말한다. 대표적으로 미팅, 홈 파티, 랠리, 석세스 트립, 사업설명회, 컨벤션 등이 여기에 속한다. 네트워크 마케팅 방식을 채택한 회사는 체계적이고 다양한 시스템을 구비하고 있으며 그 시스템에 따르는 네트워커들을 성공으로 안내하기 위해 애쓰고 있다.

내가 아는 네트워크 마케팅에 25년 이상 몸담고 있는 한 60대의 사업가는 신규 사업자들에게 단 두 마디만 하면 된다고 했다. "저처럼 하시면 됩니다, 제가 다 알려드릴게요." 이 분은 본인이 모범이 되어 신규 사업자들에게 본인의 행동을 보고 그것을 그대로 복제하는 점을 강조하고 있다.

이 사업은 '많은 사람을 만나 그들에게 비전을 보여줘라. 그들이 몇 가지 단순한 행동을 지속 반복하게 하라. 이것이 될 때까지 몰입하라."라는 아주 심플한 원칙이 적용된다. 첫 번째는 아주 많은 사람이다. 양에서 질이 나오는 것처럼, 계속 인풋을 하다 보면 어느 순간 나도 모르게 아웃풋이 넘쳐흐른다. 두 번째는 사람들이 정해진 몇 가지 행동을 실천해야 하고 그런 행동을 단순화해야 한다는 것이다. 신규 사업자들이 초창기에 많이 하는 실수 중 한 가지는 모든 것을 완벽하게 해내고 싶은 마음이다. 그러다 보면 시작하는 것조차 두려워진다. 진정한 복제를 위해서는 단순한 행동들에 주력해서 모든 사람이 복제할 수 있게 해야 한다. 그리고 마지막으로 이런 작업이 일정 기간 동안 지속되어야 한다. 나는 네트워크 구축은 절대 단기간에 이루어지는 것이 아니라고 생각한다. 한 달이나 두 달 혹은 반년 만에 구축할 수는 없다. 사람들은 일정 기간 동안 지속적으로 행동해야 한다. 이점이 네트워크 마케팅의 핵심이다.

완벽하게 복제할 수 있는 시스템과 함께라면 누구나 (판매에 재능이 있는 사람이나 없는 사람이나, 성격이 내성적인 사람이나 외향적인 사람이나) 이 사업을 할 수 있다. 이 사업에서 가장 중요한 원칙은 다음과 같다. '효과가 있는가?' 의 문제가 아니라 '복제할 수 있는가?' 의 문제이다.

실제로 네트워크 마케팅은 성공할 수 있는 사업이고, 최고의 유통 시스템이다. 그 뿐만 아니라 개인의 성장과 충만한 라이프스타일을 가능하게 하는 힘을 주는 일이다. 네트워크 마케팅처럼 이런 유통구조의 변화는 현시대의 요구이면서 21세기의 중요 트렌드이다. 경제가 급속도로 변화하면서 경제와 발전의 주체가 점점 대규모 거대 조직에서 소규모 개인에게 옮겨가고 있다.

앞으로 회사는 더 이상 직원들을 책임지지 않는다. 평균 수명은 점점 늘어나고 평생직장이란 개념은 사라졌다. 정년은 60세까지인데 어떻게 나의 노후를 대비할 수 있을까? 이제 1인 기업가는 선택이 아니라 필수가 되어 가고 있다. 물론 1인 기업가가 된다고 해서 누구나 쉽게 성공하는 것은 아니다. 하지만 1인 기업가가 되어야만 더 큰 자유와 더 큰 인생을 살 수 있다. 이 일을 지속하기 위해서는 끊임없는 자기 계발이 우선이다. 1인 기업은 자본에 대한 투자가 적은 대신, 상대적으로 나의 열정과 시간에 대한 투자가 크다.

2020년 코로나 이후 변화의 속도는 엄청나게 빨라졌다. 이제는 기존의 패러다임에서 벗어나 완전히 달라져야 한다. 남들이 다 가는 길이 아닌 자신만의 길을 선택해야 할 타이밍이다. 지금은 근면 성실보다는 혁신과 도전이 절실히 필요하다. 변화를 적극적으로 받아들이고 도전정신과 부자 마인드를 장착하고 앞으로 나아가야 한다.

나 자신이 곧 기회다. 네트워크 마케팅 방식을 채택한 회사와 네트워크 마케팅이라는 마케팅 도구는 당신의 타고난 재능을 발휘하도록 해

주는 희망의 연결고리가 될 것이다. 사업을 해 본 적도 없는 수많은 평범한 사람들이 네트워크 마케팅을 만나, 꿈을 되찾고 삶의 질이 달라지는 이야기들이 너무나도 많다. 그리고 선진국에서부터 성장하고 성공한 수많은 네트워커들이 이 일을 통해 번 돈과 시간으로 사회에 공헌하고 기부하는 삶을 살고 있다. 정말 멋지지 않은가!

# 결국에는 '자기 확신'이 나를 살린다

"나는 어떤 사명을 가지고 이 지구별에 왔을까?"

나의 인생 책 중 한 권인 파울로 코엘료의 《연금술사》를 봤을 때 이 점이 무척 궁금해졌다. 내가 진정으로 원하는 것이 있다면 무슨 일이 있어도 반드시 찾아야 한다는 경각심을 일깨워 주어서 너무 좋다. 나도 나만의 보물을 찾기 위해 20년 동안 살았던 제주를 떠나 멀리 중국으로 갔다. 그런데 나만의 보물은 그렇게 멀리 있던 게 아니라 아주 가까이에 있었다. 자아의 신화를 찾는 건 바로 나 자신에게 달렸다는 것을 깨닫게 되었다. 내가 무언가를 간절히 원할 때 온 우주는 나의 소망이 실현되도록 도와준다는 것처럼, 답은 언제나 내 안에 있었다. 나는 그때부터 자연스럽게 나의 내면의 소리에 귀 기울이는 법을 배웠다.

그리고 1인 사업으로 두 번째 커리어를 만들어 갈 때도 이 방법을 적용했다.

내 나이 서른일곱, 나는 결국 10년간 다녔던 직장을 나왔다. 가족과 지인들은 안정적인 직장을 나온 나를 이해하지 못했다. 그러나 나는 앞으로 시대가 흘러갈 방향을 네트워크 마케팅 공부를 하면서 자연스럽게 체득했다. 평생직장이란 개념은 아주 빠르게 사라지고 있다. 더 이상 직장인이 아닌, 프로의식을 가진 직업인들이 앞서나가고 있다. 참 감사하게도 내 주위엔 의식수준이 높은 사람들이 많이 있다.

그분들의 공통점은, 항상 깨어있고 부자 마인드를 가진 사람들이다. 끼리끼리는 과학인 것처럼! 그래서 나는 그분들과 함께 있는 그 자체만으로도 좋은 에너지를 받는다.

나의 30년지기 친구 중 한 명은 법사이다. 어느 날 친구네 법당에 놀러 갔다가 친구를 찾아 온 두 분의 고객을 마주친 적이 있었다. 한 분의 얼굴은 약간 어두워 보였고, 다른 한 분은 괜찮아 보였다. 법사 친구는 얼굴이 어두운 분께는 안으로 들어오라고 하고, 같이 온 지인에게는 따뜻한 차 한 잔을 내어주며 밖에서 기다리라고 했다. 궁금한 건 절대 못 참는 나는 친구에게 대놓고 물어봤다. "친구야, 두 분이 너를 찾아 왔는데 왜 한 명만 상담해 준 거야? 둘 다 상담해주면 네가 상담료를 더 받을 수 있는 거 아니야?" 그런데 친구의 대답은 진짜 지혜로웠다.

"나는 하루에도 정말 많은 사람을 만나. 나는 그분들의 고민거리를 들어주면서 정말 많은 조언을 해주거든. 그런데 내가 만약 좋은 얘기를 하면 좋겠지만, 안 좋은 얘기를 전해야 할 상황도 있잖아. 그러면 그 사람들은 평생 그 말을 기억하면서 괴로워하거든. 그런데 있잖아, 나도 내가 내뱉은 말을 길어야 3~4일 밖에 기억을 못 해. 결국엔 다 부질없는 거야. 미선이 너처럼 너의 운명은 바로 네가 선택하는 거야. 넌 내 친구지만 참 멋진 녀석이야."

나는 친구의 말을 듣고 저절로 무릎을 탁 쳤다! 누구나 처한 상황은 다르겠지만, 결국엔 본인 운명은 본인 스스로가 정하는 것이다. 그날 이후, 누군가 재미로 점 보러 간다고 하면 나는 꼭 그들에게 내 친구가 내게 했던 얘기를 들려준다.

1인 기업의 첫 시작은 '나 자신을 알아가는 것'부터이다. 눈과 가슴과 얼굴에 열정을 가득 품고 살면, 내가 감히 상상도 할 수 없는 놀라운 일이 벌어진다고 한다. 나는 이 세상 누구보다 소중한 존재이고, 내가 바로 유일무이한 '리미티드 에디션'이다. 내가 내뿜는 좋은 에너지가 나를 최고로 근사한 곳으로 데려다 줄 것을 나는 철저히 믿고 있다. 이런 마음 상태가 되기까지, 나는 부지런히 배우고 실행하면서 의식적으로 긍정적인 마인드 훈련을 하고 있다. 그렇기 때문에 나는 '마이웨이'를 외치며 누구보다 나를 열렬이 응원한다.

나의 꿈은 전 세계를 무대로 신명나게 글로벌 비즈니스를 하는 것이다. 자유로운 영혼처럼 비상하고 싶다. 나만의 비행을 통해 배우고 느낀 점들을 더 많은 사람들과 공유하면서 세계를 무대로 평생 친구들을 만들어 갈 것이다.

제주에서 글로벌 비즈니스를 하며 끝내주게 좋은 점은, 이곳이 바로 '국제자유도시'라는 것이다! 굳이 외국에 나가지 않아도 내가 마음만 먹으면 제주도에서 언제든지 외국 친구를 만들 수 있다. 나는 중국 유학시절 참 좋은 분들의 도움을 많이 받았다. 그래서 그런지 외국인들을 보면 타국에 나와 애쓰는 모습이 참 대견하다. 내가 정말 좋아하는 전이수 동화 작가 전시회에 갔다가 《우리는 모두 가족》이라는 작품에 시선이 머물렀다. 지구촌에 있는 사람과 동물들을 그린 그림이었는데, 그림 옆에 쓰여 있는 글이 진짜 예술이었다. '생긴 것도 다르고 생각이 달라도 우리는 모두 가족'이라는 표현을 통해 꼬마가 어른인 나보다 훨씬 맘이 성숙하고 단단하다는 것이 뼛속 깊이 울렸다. 우리 아이들도 저렇게 멋진 생각을 하는 사람으로 자라기를 기대하며 엄마 미소가 저절로 나왔다. 이 그림을 통해 문득 내가 타국생활을 할 때 많은 도움 받았던 일들이 생각났다. 그래서 나도 제주에서 도움이 필요한 외국 친구들에게 도움의 손길을 내밀고 싶다. 누군가 나를 통해 제주에서 소중한 추억을 만드는 것처럼, 제주도 하면 '미선이가 있는 곳'으로 떠올랐으면 한다. 나는 지금 제주에서 제주를 알리고 있지만, 언제든지 다른 곳에서도 제주를 알리는 '제주 홍보대사 루시정'을 꿈꾼다.

"He can do, she can do, why not me!"

그도 할 수 있고, 그녀도 할 수 있는데, 왜 내가 못해! 나도, 너도, 우리 모두 충분히 할 수 있다구! 내 글을 통해 단 한 명이라도 자기 자신을 믿고 앞으로 나아갈 용기를 얻었다면 그것만으로 충분히 감사하다.

# 제4장
## 나는 오디오 콘텐츠 창작자입니다

지기

# 재취업은 하지 않겠습니다

졸업을 하고 나서 오랜 시간 동안 공무원 시험을 준비했다. 원래 선생님이 꿈이었는데, 대학 원서를 넣기 바로 직전 아버지께서 사대가 아니라 법학과에 지원을 하라고 하셨다. 나는 그 말을 들었다. 대학에 가서는 아버지의 생각대로 그리고 다른 친구들이 하는 대로 공무원 시험을 준비했었다. 그게 맞다고 나 역시 생각했다. 공무원 시험은 누구에게나 열려있는 것처럼 느껴졌다. 온 세상이 다 알아주는 학교를 진학 한 것도 아니고, 누구에게나 자랑할 수 있을 정도로 학점이 좋지도 않았다. 이미 공무원 시험을 준비해야겠다고 졸업하기 한참 전에 생각을 했기 때문에 자격증을 가지고 있거나, 취업과 관련된 스펙이 좋은 것도 아니었다.

노량진 근처 고시원에 살면서 학원을 다니며 공부했다. 공부에는 영 적성이 없는 나는 몇 년 그렇게 돈을 물 쓰듯 쓰다가 그만두고 다른 일을 찾기 시작했다.

대학교 시절 다녀왔던 몇 번의 어학연수와 공무원 준비를 하면 쌓아나갔던 영어실력을 기반으로 영어를 가르치는 강사가 되었다. 시험 준비를 오랫동안 했다 보니 회화보다는 내신이나 수능 영어를 가르치는 것이 적성에 맞았다. 대학을 다니면서도 몇 번이나 과외를 했었다. 가르치는 것에는 자신이 있었다. 일은 생각보다 금방 찾게 되었고, 강사로서 학생들을 가르치기 시작했다. 서울의 한 학원에서 일을 하게 되어서 그 근처에서 일을 하던 오래 만난 남자친구와 결혼도 했다.

오랫동안 공부만 하다가 학생들을 가르치기 시작하니 날아갈 것 같았다. 무엇보다 내가 제대로 일을 해서 돈을 번다는 느낌이 너무 좋았다. 선생으로서 경력을 쌓아가던 중 남편에게 해외에서 일할 기회가 왔다. 사실 오랫동안 이야기가 진행되고 있었는데, 결국 확정이 되었다. 이제 막 경력을 본격적으로 쌓기 시작한 시점이었지만, 남편을 따라가기로 했다. 학원 일은 폴란드에 다녀와서도 할 수 있을 거라고 생각했다. 딱히 경력이 단절되었다는 생각은 하지 않았다. 학생들과의 관계는 매우 좋은 편이었지만 함께 일하는 선생님들과는 아직 어색한 사이였다. 그래서 아마 쉽게 결정할 수 있었을 테다.

학원에 그만두겠다는 의사를 표현했다. 그만두기로 예정한 날짜 보다 심지어 몇 주 전에 그만 나와도 좋다는 부원장님 말씀을 듣고 퇴근을 했다. 다니던 학원에서는 어제까지 함께 일하던 선생님이 갑자기 안 나오시게 되는 일이 한두 번이 아니어서 나는 나의 마지막도 익숙하게 느껴졌다. 다음 날 다른 선생님들이 출근하기 훨씬 전 모든 짐을 챙겨서 학원에서 나왔다. 그때에도 다시 '출근'을 하지 못할 것이라는 불안감은 전혀 없었다.

폴란드 생활은 녹록지 않았다. 폴란드어를 제대로 하지도 못하는 나는 그다지 할 수 있는 일이 없었다. 아무것도 할 수 없다는 무력감에 우울증이 와서 하루 종일 누워만 있기도 했다. 며칠 동안 울기만 했던 적도 있다. 겨우 정신을 차리고 폴란드어를 배우러 학원에 다녔다. 한인 분들과 함께 독서모임을 하고, 강아지도 한 마리 키웠다. 해를 보고, 사람들을 만나면서 마음건강을 찾았다.

폴란드에서는 3년의 시간을 보냈다. 한국에 돌아올 때가 얼마 남지 않자 나는 그제야 패닉에 빠졌다. 폴란드에서 내가 한 일이라고는 뜨개질, 책 읽기, 폴란드어 기초 단계 배우기 밖에 없었다. 강사로 일하면서 평생 아이들을 가르칠 것이라 생각했었는데, 막상 3년을 쉬고 다시 학원가를 간다고 생각하니, 눈앞이 캄캄해졌다.


평일 기본 퇴근 시간은 늦은 밤 11시, 주말 풀 근무. 분명 3년 전에는 아무렇지 않았던 생활이 끔찍하게 느껴졌다. 남편과 함께 하는 주말이 너무나도 소중해졌다. 강아지들과 함께 있고 싶은 생각도 커졌다. 무엇보다 사람들과 부대끼면서 다시 일을 해야 한다는 것이 무서웠다. 학생을 가르칠 수 있을 거라는 자신감도 떨어져 있었다. 나는 다시 공무원 시험을 떠올렸다. 이전보다 영어에 더욱 자신이 있으니 졸업 직후 공부했을 때와는 완전히 다를 것이라고 생각했다.

남들과 같은 시간에 출근하고 남들과 같은 시간에 퇴근하면서 주말을 보장받을 수 있는 일 중 나를 받아줄 곳은 공무원밖에 없다는 생각이 들었다. 그래서 다시 공무원 시험을 준비했다.

공무원이라는 길이 정말 나의 길이었으면 몇 년 전 이미 되지 않았을까? 물론 이전에 공부했을 때보다 성적이 오르기는 했다. 그러나 정말 최선을 다해 공부했느냐? 물으면 벙어리가 될 수밖에 없다. 공부를 하려면 할수록 제대로 집중이 되지 않은 날이 길었다. 마음 깊숙한 곳에서 정말 싫다고 생각하고 있었던 것 같다. 심지어 내가 스스로 하겠다고 해 놓고서는!

아무리 나 자신을 설득하려고 해도 공무원이 정말 답인지 나는 알 수가 없었다. 매일 밤 악몽을 꿨다. 어두운 숲을 헤매기도 하고 누군가에게 쫓기기도 하면서 마음은 자꾸만 약해졌고, 공무원은 내가 정말 원하는 것이 아니라는 것만 다시 한번 확인했다. 어느 날 보다 못한 남편이 이런 식이면 그냥 공부를 그만하는 게 좋을 것 같다고 진지하게 말했고, 계속해서 눈치를 보고 있던 나는 옳다구나 그 말을 받아 공부를 그만뒀다.

사회 초년생이라기엔 늦은 30대가 훌쩍 넘어선 나이, 나는 다시 제로가 되었다. 흔한 카페 알바, 편의점 알바 한 번 해 본 적이 없고, 공무원과 강사 말고 다른 진로에 대해서는 고민해 본 적이 없어 취업하는데 필요한 자격증도 하나 없는 상태에서 나는 내가 무엇을 해야 할지 알 수가 없었다.

회사 생활 그 자체에도 나는 조금 겁이 나있던 상태였던 것 같다. 나는 회사에 안 맞는 사람이라고 생각했다. 사람들과 어울리며 생활 하는 것이 조금 힘들었다. 무슨 말을 해야 할지 모르겠다고 생각한 적이 한두 번이 아니고, 겨우 생각해 낸 말을 하고 나면 반드시 그날 밤 이불을 차며 후회했다. 나에 대해 너무 많은 말을 하는 것도, 하고 싶은 말을 제대로 못하는 것도 모두 후회의 대상이었다. 사람들을 만나고 나면 나는 반드시 녹초가 되었다. 공무원이 되거나 어떤 회사에 들어간다고 하더라도 그 회사에서 잘 적응하고 지낼 수 있을까? 매일매일 수많은 사람들 속에서 잘 적응할 수 있을까? 생각하면 숨이 막혔다. 도저히 잘 지낼 수 있을 것 같지가 않았다. 아마 그게 나의 솔직한 마음이었던 것 같다. 나는 회사 생활을 그 자체로 두려워하고 있었다.

과연 내가 할 수 있을까? 자신이 없었다. 아마 그게 나의 솔직한 마음이었던 것 같다. 나는 회사 생활을 그 자체로 두려워하고 있었다.

하지만 한국에 오면서 남편의 수입이 해외에 체류할 때 보다 줄어들었다. 무엇보다 내가, 우리 집의 모든 경제적인 책임을 남편에게 맡기고 싶지 않았다. 지금도 남편이 회사에 출근할 때면 마음 깊은 곳에 미안함이 고개를 든다. 열이 나고 몸이 아파도 출근을 해야 하는 남편을 보면서 나는 반드시 10년 안에 남편을 은퇴하게 하겠다고 생각했다.

나는 재취업을 하지 않겠다고 마음을 먹었지만, 돈을 벌어야 했다.(벌고 싶었다.) 사람들과 부대끼며 일하는 것이 힘들 다면, 혼자 일을 하며 돈을 벌 수 있는 길을 찾자고 생각했다. 그렇게 나는 1인 기업인의 길에 들어서기로 했다. 코로나와 요즘 세대의 여러 생활상으로 인해 1인 기업인과 N잡러가 등장하면서 블로그나 유튜브 등으로 집에서 회사와는 별개로 수입을 만드는 것에 대해 굉장히 많은 정보들이 쏟아지는 때였다.


나도 그들 중 한 사람이 되리라 마음을 먹었다.

# 오디오 플랫폼 크루가 되다

첫 시작은 블로그였다. 폴란드에 있을 당시 권태로운 시간을 책을 읽으면서 보냈다. 원래도 책을 좋아했었지만, 좀 더 다양한 스펙트럼의 독서량을 쌓게 되었다. 간간이 네이버 블로그에 책 리뷰를 올리기 시작했었는데, 한국에 돌아와서 수험생활을 때려치우고 난 뒤 본격적으로 블로그를 운영하기로 마음먹었다.

당시 티스토리 블로그를 운영하며 수익을 얻는 것에 대해 많은 이야기가 있었다. 네이버 블로그는 자체에 붙는 애드포스트 수익이 너무 적었다. 애드포스트로 벌어들이는 수익보다는 제품을 제공받거나, 광고를 통해 수익을 얻는 비중이 많았다. 내 블로그가 광고 수익을 낼 정도로 인지도를 쌓는 것은 당장 어려울 것 같았다.

마침 남편이 구글의 애드센스로 블로그 수익 화를 하는 분의 영상을 보여주었다. 글 쓰는 것 좋아하고, 잘 쓰니까 에드센스와 연동이 되는 티스토리 블로그를 운영해 보라고 했다. 애드센스를 통해 광고를 올리는 것은 생각보다 어려워서 애드고시라고 한다. 애드고시에 붙기 위해서는 사진보다 글 위주의 포스팅이 많아야 한다. 카테고리 관리도 해야 한다. 각 카테고리에 게시글이 얼마나 있는지, 각각에 포스팅에 통일성이 있는지도 심사의 대상이 되기 때문이다. 이 블로그가 앞으로 성장 가능성이 있는가, 광고를 제공할 만큼 양질의 포스팅을 하는가 등을 꼼꼼하게 체크한다. 처음에는 계속해서 떨어졌다. 이유도 모른 채 한 번 떨어지면 어느 정도 시간을 둔 다음에 재도전을 해야 하기 때문에, 나는 점점 초조해졌다.

유튜브를 찾아보고, 사람들의 포스팅을 보면서 필요 없는데 자리만 차지하는 카테고리는 지우고, 게시글이 너무 적은 카테고리는 비공개 했다. 날을 잡아 아주 대대적인 공사에 들어갔다. 게시글이 많아야 한다고 해서 마음먹고 열심히 블로그의 글을 썼다. 특히 원래 생각했던 대로 책을 읽고 리뷰를 썼다. 네이버 블로그를 할 때는 책의 밑줄 친 부분을 사진으로 공유한다던가 책 중간중간을 사진으로 찍어서 남겼다. 책과 사진의 비중을 비슷하게 맞추었다. 중간중간 이모티콘까지 써 가면서 포스팅을 했었다. 티스토리는 사진보다 글의 비중이 많아야 된다고 했다. 그래서 딱 책 표지만 찍어서 올리고 리뷰를 썼다. 게시글이 어느 정도 쌓이고, 사실 조금 지쳤을 무렵 나는 애드고시에 합격을 했다. 드디어 애드센스 광고를 통해 수익이 생기기 시작했다.

그 수익이 당장 내 지갑에 들어올 정도로 크지는 않았다. 무엇보다 아무런 반응이 없다는 것이 힘들었다. 네이버 블로그는 가끔은 댓글이 달려서 답글을 남기면서 뭔가 소소한 즐거움을 느꼈는데, 티스토리는 그런 재미가 전혀 없었다. 물론 티스토리지만 댓글이 잔뜩 달리거나 구독자가 많은 블로그도 많이 있지만 내 블로그는 아니었다.

벽에다 대고 말하는 것 같은 기분에 한동안 시달렸다. 누군가가 내 글을 읽어주었으면 좋겠다! 내가 글을 잘 쓰기 때문이 아니라, 나는 너무 좋아서 또는 책을 읽고 생각한 것이 너무 많아서 이에 대해 말하는데, 내가 느끼는 이 흥분을 누군가도 느껴주었으면 좋겠다.(그리고 그걸 내게 알려주었으면 좋겠다)는 생각이 강하게 들었다.


새로운 플랫폼을 찾고 싶었다. 유튜브를 만들까? 생각하기도 했지만, (내 기준으로) 그냥 글만 쓰면 되는 블로그와 다르게 유튜브는 기획, 편집 등 내 발목을 잡는 것이 너무나도 많았다. 과거에도 몇 번 이런 유튜브를 운영할까? 저런 유튜브를 운영할까? 하고 고민한 적은 많았지만, 어쨌든 나의 기술적인 문제를 핑계로 대며 계속 도전하지 못하고 있었다.

이번에도 마찬가지였다. 게다가 유튜브도 블로그와 마찬가지로 어찌어찌해서 콘텐츠를 올려놓는다고 바로 반응이 오지 않을 텐데, 나는 당장 나의 이 흥분을 전하면서 사람들과 이야기를 하고 싶어!라고 생각했다. 그때 처음 느꼈다. 아! 나는 그냥 내 콘텐츠를 보여주는 데에서 끝이 나는 게 아니라, 이 콘텐츠를 가지고 사람들과 대화가 하고 싶구나!

그렇다면! 대도서관님처럼 아프리카TV나 트위치 또는 유튜브에 라이브를 켜고 책을 소개해야 할까? 내가 알고 있는, 사람들과 당장 대화를 해 나갈 수 있는 스트리밍 플랫폼은 그게 전부였다. 얼굴을 공개하는 것은 죽기보다 싫었다. PPT를 올려두고 강의를 하듯 하면 절대 사람들이 안 모일 것 같았다.

유튜브 라이브라는 것은 유튜브로 어느 정도 인지도를 쌓아야 할 수 있는 것 아닌가? 그리고 유튜브 라이브는 보통 얼굴이 나오던데……. 하면서 나는 뭔가 시작도 하기 전에 생각만 많아졌다. 아무것도 하지 못했다. 사실 방법을 찾아보려 하지도 않았다. 혼자 생각하고 상상하면서 그래 나는 안 돼!라고 결론을 내리고 시무룩해져 있던 것이다.

그러던 중 한 인터넷 오디오 플랫폼에서 크루를 모집한다는 광고를 인스타그램에서 봤다. 베타테스트 중인데, 1기는 이미 활동을 하고 있고, 2기 크루를 모집한다는 것이었다.

첫째, '오디오'플랫폼이니까 화면에 대해 고민하지 않아도 된다. 둘째, 나는 오디오로 말을 하고, 사람들은 채팅을 치니까 나의 콘텐츠에 대한 반응을 즉각 볼 수 있다. 더불어 사람들과 대화하는 느낌을 받을 수 있을 것이다. 셋째, 트위치나 유튜브 아프리카TV 같이 이미 인지도가 높은 사람들이 많은 곳이 아니라 이제 막 시작하는 곳이면 플랫폼 내에서 인지도를 쌓기도 쉽지 않을까? 마지막으로 당시 광고에서 중요하게 내세웠던 것이 바로 한 달에 얼마간 콘텐츠 제작비를 준다고 하는 것이었다.

광고를 따라 플랫폼에 접속을 해 본 나는 내가 원하던 곳이 바로 이곳인 것 같다는 생각이 들었다. 내가 원하는 그대로의 모습의 플랫폼이 내 눈앞에 있는 것이었다. 뭔가 이건 운명이야!라는 강한 이끌림에 그대로 크루 신청을 했다. 지금 생각해 봐도 나답지 않게 참 즉흥적이었다. 이 선택이 내 인생을 정말 많이 바꾸었다. 가끔은 즉흥적으로 마음을 따라 움직이는 것으로 인생이 바뀔 수도 있다. 그렇게 나는 콘텐츠를 만드는 사람이 되는 한 발자국을 디뎠다.

# 방송 초짜의 좌충우돌 오디오 플랫폼 도전기

첫 방송 일이 다가왔다. 홈페이지에 나와 있는 설정 방법을 보면서 이것저것 프로그램도 깔고, 마이크 세팅도 미리 해뒀다. 테스트 방송도 무사히 마치고, 두근두근 심장이 목구멍까지 차오르는 느낌으로 첫 방송을 켰다. 들어온 청취자분이 아무런 소리가 나오지 않는다고 했다. 이런!! 크루 활동 시간이 정해져 있었던 지라 방송을 끌 수도 없는 상황에 누군가가 와서 도와주셨다.

테스트 방송했을 때 도와주신 분이었다. 플랫폼 직원분이신 줄 알았다. 이거 지기님(닉네임이다)만 도와드리고 앞으로는 쿠키(플랫폼 내에서 청취자가 호스트에게 주는 일종의 화폐 어느 정도 모이면 돈으로 바꿀 수 있다.) 받을 거예요! 하고 농담하셨다. 그제야 직원이 아닌 줄 알았다. 직원인 줄 알고 원격 연결을 허용했는데, 직원이 아니라는 것을 알자 함부로 원격 연결을 허락했다는 사실에 조금 소름이 돋았었다.

소리가 돌아오고 내가 준비한 콘텐츠를 시작하려고 하는데, 계속해서 그분이 말을 거셨다. 이것저것 질문도 하고, 자기는 다른 플랫폼에서 독립한 사장님을 따라온 사람인데, 하면서 자신에 대한 불필요한 정보를 아낌없이 채팅으로 쏟아내셨다. 사실 첫 방송인데다가 청취자라고는 그분 밖에 없었고, 심지어 나를 도와주신 분이니까. 아 그러시구나. 하면서 말씀을 들어드렸다. 첫 방송은 그렇게 끝났다. 시청자 수 1명, 내가 준비한 콘텐츠는 입도 뻥긋 못해보고 그렇게 한 시간이 지나고 말았다. 조금 허무해진 마음으로 그리고 앞으로 나의 방송이 걱정이 되어서 그날 밤은 계속 뒤척였다.

'아무래도 모니터링이 필요하다! 다른 사람들은 어떻게 방송을 끌고 나가는지 그리고 어떤 방송이 있는지 알아봐야겠다!'라는 마음으로 다음 날부터 하루 종일 플랫폼을 전전하며 방송을 들었다. 오디오 플랫폼이기 때문에 폰으로 켜 놓고 집안일을 하거나 다른 작업을 하면서 들을 수 있어서 좋았다. 취향에 맞는 방송도 있었고, 이게 뭐지? 하는 방송도 있었다. 심지어 내가 처음으로 들어가 본 방송은 호스트가 술에 약간 취해 있었는데, 유튜브를 운영하고, 트위치 등 생방송 플랫폼에서 방송을 하다가 지원했다고 했다. 그러면서 "다 알아요! 님들도 돈

보고 하는 거잖음?" 하면서 "솔직히 이런 사람 없는 곳에서 돈 안 주면 왜 방송하겠어요?"라고 했었는데, 그 뒤로 그분을 보지는 못했다.

확실히 잘 준비된 방송이 듣기에도 좋았다. 샹송을 들려주시면서 프랑스 표현을 가르쳐 주는 학생의 방송과 매일 오늘의 뉴스를 가지고와 아나운서의 정제된 발음으로 읽어주고, 그 뉴스에 대해 자신의 생각을 말했던 아나운서 연습생의 방송이 특히 기억이 난다. 이 방송 저 방송 돌아다니면서 열심히 채팅을 치고, 방송에 참여하며 다른 분들과 친해졌다. 나는 교양 영역이라 할 수 있는 책 소개를 하기 때문에 특히 교양 방송(?)을 하시는 분들의 방에서 열심히 채팅을 쳤다.

물론 새벽에 하는 오락방송이라든지, 목소리가 좋은 분들의 노래 방송 등 취향에 맞는 방송들에 가서 즐겁게 놀기도 했다. 작은 플랫폼 특성 상 하루 종일 돌아다니다 보니 채팅에서 만나는 사람들이 비슷비슷하고, 그분들 모두가 또 방송을 하시는 크루 분들이라 친해진 사람들이 한 명 두 명 방송에 오기 시작했다.


본격적으로 나의 콘텐츠도 점점 다듬어지기 시작했다. 처음 방송을 할 때에는 주제만 정해서 그 주제에 맞는 책을 서로 추천하는 것으로 방송을 이끌어 나가려고 했다. 나도 좋은 책을 추천받을 수 있고, 내가 좋아하는 책을 맘껏 소개하면서 읽어보라고 할 수 있을 테니 좋은 콘텐츠라고 자신했다. 막상 책 이야기가 시작되니 채팅창이 조용해졌다.

나는 계속해서 말을 해야 하는데, 조용한 채팅창을 바라보니 숨이 턱 막혔다. 때때로 "아니, 여기 여러분 10명이 넘게 있잖아요. 왜 아무도 채팅을 안치시나요?"라고 말해 보기도 했지만, 방금까지 근황 토크라던가 단순히 수다를 떠는 시간에는 즐겁게 이야기하던 사람들이 오늘의 주제는 이것이고, 이 주제에 관련된 책들 중 생각나는 것이 있으신가요?라고 묻자 조용~ 해지는 것이다.

할 수 없이 내가 생각한 책들을 말하면서 이런 점이 좋더라고요 하면 그제 서야 한두 마디씩 채팅이 올라왔다. 그저 단순하게 책을 소개하려니 나 역시도 별 할 말이 없었다. 주제에 맞게 생각해 둔 책도 한 시간이 채 되기도 전에 사라졌다. 원래도 별로 말주변이 없었던 나는 할 말도 떨어진 채 땀만 삐질 흘리는 방송이 되었다. 준비를 한다고 한 것 같은데, 사실은 아무런 준비가 되어 있지 않은 방송이었던 것이다. 하루 종일 머릿속으로 이런 이야기해야지 저런 이야기해야지 이 책 소개해 드려야지 하면서 생각했던 것은 아무런 소용이 없었다. 방송이 시작되면서 머릿속이 하얘졌기 때문이다. 게다가 채팅이 올라오면 거기에 초점이 가기 때문에, 해야 할 말을 잊어버리곤 했다.

호스트가 중심을 못 잡고 이리저리 흔들리며 침묵이 종종 생기는 방송은 금방 지루해졌다. 나는 다른 사람들의 방송을 들으면서 그런 부분을 느끼고 있었기 때문에 초조했다. 그러던 중 책 방송을 하는 다른 크루 분의 방송에 들어갔는데, 하나의 책을 깊이 있게 소개하시는 분이었다. 책 한 권을 일주일 동안 다루셨다. 한 권을 가지고 매우 다양한 이야기를 하셨다. 그러면서도 여유 있게 청취자분들과 대화를 나누셨다. 어느 정도 대화가 끝나면 다시 책 이야기를 하셨다. 청취자의 말에 흔들리지 않고 자신의 콘텐츠를 명확하게 보여주는 모습에 감명을 받았다. 하나의 책을 굉장히 깊이 있게 다루는 모습에서 얼마나 많은 준비를 하시는지가 느껴졌다.

영화를 리뷰하는 크루 분은 몇 장이 되는 심지어 손으로 쓴 대본을 가지고 밋업을 한다. 대본을 읽느라 채팅을 잘 못 본다고 미리 공지사항에 써 두고 줄거리부터 남자 주인공 여자 주인공에 대한 이야기 감독에 대한 이야기 미장센, 카메라 각도, 음악까지 전문가 뺨칠 정도로 영화를 분석하셨다. 좋아해서 반복해서 보았던 작품도 그분의 이야기를 들으면 또 다르게 보여서 흥미진진했다.

두 분의 방송을 들으면서 나는 대본을 쓰기 시작했다. 원래 '주제에 맞는 책을 추천하는 방송'이라는 폼은 유지하되, 내가 추천하는 책은 좀 더 깊이 있게 다루려고 했다. 이 책은 어떤 내용을 담고 있는지, 이 책의 어떤 점이 어떻게 좋은지 등을 이야기하기 시작했다. 내 방송을 듣고 있는 사람들은 책과 친해지고 싶은 사람들이라고 타깃팅을 해서 '어? 읽어볼까? 재미있어 보이는데?' 하고 생각할 수 있도록 만들자고 방송의 목표도 다시 정했다. 특히 방송 초반에는 대본이 많이 도움이 되었다. 방송을 시작하고, 사람들이 잘 안 오거나 채팅이 안 올라와도 나는 대본을 보면서 방송을 해서 신경 쓰지 않을 수 있었다. 그리고 무엇보다 '무슨 말을 해야 하지?' 하고 머릿속이 하얗게 되는 일이 없어서 좋았다. 그리고 그렇게 쌓인 대본들은 나의 자산이 되었다.

이렇게 방송이 조금씩 다듬어져 갔다. 그리고 처음에는 헤드셋으로 방송을 했는데, 월급처럼 한 달에 한 번 주워지는 소정의 '지원금'에 조금 돈을 더해서 7만 원짜리 마이크를 장만했다. 훨씬 소리가 깔끔해 졌다는 말에 굉장히 뿌듯했다. 지금은 50만 원이 넘는 마이크에 세팅 값만 해도 100만 원이 훌쩍 넘는다. 가끔 대본 없이도 방송을 하고, 이전에 방송용으로 만들었던 대본은 녹음으로 남겨서 수익이 생기는 다른 플랫폼에 업로드하기도 한다. 고작 2년 정도의 시간 동안 처음 소정의 그러니까 7만 원짜리 마이크를 살 수도 없었던 '지원금'은 지금 몇 배가 되었다. 동시에 나와 내 콘텐츠는 계속해서 진화하고 있다.

# 오디오 플랫폼을 넘어 메타버스로!

지금 내가 가장 신경 쓰고 있는 플랫폼은 SK텔레콤이 서비스하는 '이프랜드'라는 플랫폼이다. 이 플랫폼은 다른 '오디오 플랫폼'과 완전히 다른데, 캐릭터를 생성하고 조작할 수 있다. '이프랜드'라는 월드 내에서 움직이는 캐릭터는 '이프미'라고 불리는 아바타로 일종의 '또 다른 나'이다. 나는 이 캐릭터를 앞세워서 콘텐츠를 보여주고, 각종 이모지와 움직임을 통해 감정을 전달한다.

네이버 국어사전에서 '메타버스'를 검색했더니 '웹상에서 아바타를 이용하여 사회, 경제, 문화적 활동을 하는 따위처럼 가상 세계와 현실 세계의 경계가 허물어지는 것을 이르는 말'이라고 나왔다. 내가 활동하고 있는 '이프랜드'라는 곳은 '메타버스' 세상이다. 이곳에서 나의 입맛에 따라 생성된 아바타는 나를 대신한다. 나는 이프랜드 속에 실제와 같이 구현된 별마당 도서관에서 매주 두 번 다양한 주제로 다양한 책을 소개하는 '밋업'을 진행한다. '밋업'은 이프랜드 내에서 하는 방송을 일컫는다.

이프랜드에는 정말 다양한 사람들이 다양한 주제를 가지고 밋업을 하고 있다. 오디오 플랫폼에 비해 표현할 수 있는 정보의 양이 매우 다양하고, 할 수 있는 일들도 많다. PPT로 만든 자료를 PDF 파일로 변환하면 마치 프레젠테이션을 하듯 사람들에게 보여주며 이야기할 수 있다. 사진과 영상을 공유할 수도, 지금 당장 내 폰의 화면을 공유할 수도 있다. 얼마 전부터는 아바타의 의상을 직접 만들 수 있는 서비스가 오픈해서 사람들이 좀 더 자신의 개성을 살려서 캐릭터를 꾸밀 수 있게 됨은 물론, 다른 사람이 내가 디자인 한 옷을 입어 볼 수도 있게 되었다.

이프랜드를 알게 된 건 순전히 오디오 플랫폼에서 방송을 하고 있었기 때문이다. 하나의 플랫폼에서 방송을 하다가 그곳에서 인연이 된 사람들에게 다른 플랫폼에서 방송을 하는 것에 대한 제안을 받았다. 그렇게 알게 된 곳이 두 개 세 개 늘어나기 시작했다. 함께 방송을 하던 동료 크루 분들이 소식을 물어다 주었다.

그 무렵 원래 방송을 하던 플랫폼에 대해 크루들의 불만이 가득 찬 상태였다. 아무래도 작은 회사다 보니 일의 처리가 미진했다. 지원금이 늦게 들어온다거나, 나의 콘텐츠를 쉽게 생각하고 함부로 다른 곳에 쓰려고 한다거나 지금은 다 생각도 나지 않지만, 계속해서 이런 저런 소소한 문제가 발생하고 있었다. 가장 큰 문제는 사람이 없었다. 내 콘텐츠를 들어주는 사람들이 많아야 방송을 할 맛이 날텐데, 전체적으로 사람들이 줄어드는 게 눈으로 보일 지경이었다.

크루를 수십 명씩 뽑았기 때문에 하루 종일 바글바글하게 열렸던 방송들이 하나 둘 사라지고, 남은 크루도, 남은 방송도, 남은 청취자도 모두 사라지고 있었다. '다른 곳에서 방송을 하는 것은 사실 맨땅에 다시 헤딩을 하는 것이지 않을까?' 하면서 고민하던 나도 결국 다른 플랫폼을 찾아 나서기 시작했다. 이미 대본의 형식으로 콘텐츠가 쌓여있던 참이었다. 그러던 중 '카카오'에서 '음(Umm)'이라는 오디오 플랫폼을 오픈한다는 소식을 들었다.


'클럽 하우스'라는 플랫폼이 굉장히 유행을 했다. 그리고 이 플랫폼과 비슷한 형태로 카카오에서는 '음(Umm)'이라는 오디오 플랫폼을 만들어서 '음프렌즈'라는 크루를 모집했다. 당시 방송을 하고 있었던 플랫폼 보다 훨씬 페이가 좋았고, 동시에 해야 할 일이 많았다. 1기를 모집했을 때 많은 크루들과 소식을 공유하며 나도 신청서를 넣었다. 결과는 탈락이었다. 3개월 정도 지났을 무렵 2기를 모집한다는 소식을 들었다. 지난번의 탈락이 뼈아팠기 때문에 나는 고민을 하다가 이번에는 신청서를 넣지 않았다. 음에서 전혀 활동을 하지 않은 상태였고, 채팅이 없이 서로 목소리로만 대화를 해야 하는 시스템에 적응하기가 힘들었기 때문이다.

많은 동료 크루들이 음에서 방송을 시작했고, 나도 그들의 방송에 들어가서 듣기 시작했다. 그러다가 게스트로 참여를 하게 되고 또 뜻이 맞는 사람들과 방송을 론칭하기도 하면서 적응해 나갔다. '다음 크루를 모집하면 다시 한번 도전해 봐야겠다!' 하면서 의욕이 가득했는데, 카카오 10개월 만에 플랫폼 서비스를 종료하게 되었다.

카카오 음이 론칭되고 얼마 안 되어서 SKT의 이프랜드도 론칭이 되었고, 밋업을 진행할 크루를 모았다. 당시 나는 음프렌즈 탈락의 고배를 마시고 조금 자신감을 잃은 상태였다. 그러나 카카오음에서 활동하는 분들의 생생한 현장 이야기를 들으면서 대기업의 운영에 대해 긍정적으로 생각하게 되었다. 내가 몸담고 있던 소규모의 플랫폼과는 많은 부분이 달리 훨씬 더 체계적으로 운영이 되는 것 같았다. 또 다른 대기업인 SKT에서 런칭한 이프랜드에 관심을 가지고, 이프렌즈를 모집한다는 소리에 당장 지원서를 넣었다.

지금 생각하면 참 허접한 지원서였다. 그동안 방송을 하던 게 있으니라는 안일한 생각으로 '12주 동안 어떤 방송을 할 것인지' 적는 란에다가 그냥 '주제를 가지고 다양한 책을 소개하고 소개받을 예정'이라고 썼다. 1기 탈락의 가장 큰 원인은 바로 여기에 있다고 생각한다. 음도 마찬가지였다. 나는 내 방송에 대한 구체적인 계획이 없었다. 그런 게 없어도 1시간 방송이 나름은 잘 돌아갔고, 계획이 구체적이지 않을 뿐이지 대략적으로는 다 머릿속에 들어있으니까.

다음 3기를 뽑을 때에 나는 좀 더 정성을 다해서 신청서를 작성했다. 12주를 아우르는 주제를 잡고, 매주 무슨 주제로 어떻게 방송을 할지를 자세하고 꼼꼼하게 적었다. 이전보다 방송에 대한 나의 진심을 적극적으로 어필하는 한 편 좀 더 구체적인 방송의 모양을 글로 써넣었다.

결과는 합격. 메타버스에서의 활동이 나를 기다리고 있었다. 지금까지 계속 연장이 되어 활동을 이어 나가고 있다. 3개월 활동을 하고 한 달씩 쉰 것을 생각하면 벌써 1년이 다 되어 가고 있다. 방송 자체를 생각해 보면 이프랜드는 다른 오디오 플랫폼과 별반 다르지 않다. 그동안의 오디오 플랫폼 방송과는 다르게 다만 PPT 자료라던지 영상 자료 등 준비해야 할 것이 많아서 방송 준비가 많이 힘든 플랫폼 중 하나지만, 방송이 끝난 후 가장 보람이 있는 방송 중 하나이다.

이프랜드 측에서 활동하는 이프렌즈에 대한 홍보와 그들이 하고 있는 콘텐츠에 대한 홍보를 인스타와 홈페이지 등을 통해 적극적으로 하고 있고, 다양한 창구를 통해 활동하는 이프렌즈들과 계속 소통하려는 노력을 보여준다. 다양한 오디오 플랫폼에서 활동을 하면서 방송을 하는 사람과 운영자 사이의 소통이 매우 중요하다는 것을 알게 되었다.

어떤 플랫폼에서 '크루'로서 활동을 하려고 한다면, 일단 그 플랫폼이 콘텐츠 홍보를 잘 해주는지 그리고 운영이 체계적이고 사용자와 활발하게 소통을 하고 있는지 봐야 한다.

'메타버스'인 이프랜드는 다른 오디오 플랫폼과 다르게, 다른 업체와의 컬래버레이션이 가능했다. 나는 이 부분이 이프랜드가 카카오음과 다르게 지금까지 1년이 넘게 운영이 되는 가장 큰 이유라고 생각한다. 내가 처음 이프랜드에 발을 붙였을 때 당시 개봉이 예정된 영화의 포스터가 달린 극장 모양의 랜드에서 다른 사람의 밋업을 들었다. 내가 좋아하는 작가님의 강연이 열리기도 했고, 이 행사를 진행할 진행자를 이프렌즈 중에 뽑기도 했다. 어떤 영화의 프리 시사회가 열리는가 하면 타기업에서 진행하는 유명 행사가 열리기도 했다. 조금만 발 빠르게 움직이고, 조금만 부지런하면 이프랜드는 다양한 기회를 계속 열어주었다.

오디오 플랫폼으로써가 아니라 메타버스로써 이프랜드는 접근성이 좋다. 이프랜드에서의 '밋업' 방식은 책을 소개하는 콘텐츠를 만드는 나에게 적합했다. 제페토와 로블록스 등 요즘 유행한다는 다양한 메타버스에 대해 알아본 적이 있는데, 나에게는 상당히 어려웠다. 오디오 플랫폼에서의 활동이 아니었으면 그리고 그 덕에 나아 간 이프랜드가 아니었으면 그렇게 주변에서 많은 이야기가 나와도 '메타버스' 자체가 나에게는 먼 이야기라고 생각했을 것 같다.

다양한 매체에서 '메타버스'를 다루고 있다. 오디오 플랫폼에서 시작해서 나는 이미 메타버스에서 활발하게 활동을 하고 있다. 다름 아닌 나의 목소리와 나의 생각을 담은 콘텐츠로. 나는 어떤 기술이 있지도 않고, 뭔가 새로운 걸 만들어 내는 센스가 있지도 않지만, 나의 생각을 담은 콘텐츠를 메타버스 세상 속의 또 다른 내가 보여주고 나는 그 일을 통해서 돈을 벌고 있다.

# 결국 콘텐츠는 접근이 쉽고
# 잘 팔리는 곳으로 가야한다

첫 번째 플랫폼에서 방송을 한 지 몇 달 즈음 지났다. 오디오 방송을 하는데 어느 정도 적응을 했다. 친하게 지내는 크루 분들도 생겼다. 갑자기 한 크루 분이 연락을 하셨다. '이제 녹음하셔야죠?' 현재 플랫폼에서 방송을 하시기 전에 팟캐스트를 만들어 오셨던 오디오 편집 전문가분이었다.

내가 준비하는 콘텐츠와 목소리가 그냥 생방송으로 날려 버리기에는 아깝다며 네이버 오디오 클립과 같은 팟캐스트 플랫폼에 올려 볼 것을 제안하셨던 분이었다. 사실 이미 꽤나 오랜 시간 동안 나를 설득하고 계셨는데, 녹음만 하면 본인이 편집을 해 주겠다고 하셨다.

사실 나는 목소리에 콤플렉스가 있다. 뭔가 찡찡거리는 것 같은 목소리이기 때문에, 객관적으로는 불호에 가까운 목소리라고 생각한다. 절대 내 목소리를 남기고 싶지도 그리고 녹음한 목소리를 내가 듣고 싶지도 않았다. 동시에, 내가 만들어 나가는 이 콘텐츠가 아까웠다. 열심히 고민을 해서 대본을 쓰고 책 한 권 한 권마다 생각을 담아내는 일은 분명 힘들었지만 보람 있는 일이다. 그만큼 내가 만드는 콘텐츠를 사랑한다. 그런 소중한 콘텐츠가 쌓여가기 시작했을 바로 그즈음에 나는 더 많은 사람들에게 이 콘텐츠를 들려주고 싶었다. 나의 생각을 더 많은 사람들과 나누고 싶었다.

그렇게 열망이 목구멍 끝까지 차올랐을 무렵 '내가 편집해서 들려줄 테니까, 안녕하세요만 녹음해 봐요.'라며 전문가분이 연락을 해 오신 것이다! 더 이상 미룰 수 없겠다 싶어 말씀하신 대로 '안녕하세요.'를 다섯 개 정도 녹음을 해서 보냈다. 녹음한 것을 슬며시 들어보았는데, 정말! 마음에 안 들었다. 내 목소리가 심술궂은 초등학생의 목소리처럼 들렸다. 마침 그때 내 책상 밑에는 안 쓰는 두꺼운 매트를 접어서 깔아놓았는데, 그 매트를 계속해서 발로 뻥뻥 찼다. 그야말로 이불 킥이었다.

몇 분이 흐르고 난 뒤 내 목소리에 다양한 배경음악을 더한 녹음 파일이 몇 개 왔다. 배경음악이 시작되고, 조금 뒤 내 목소리가 나오면서 다시 배경음악이 서서히 줄어드는 그야말로 팟캐스트를 들었을 때의 오프닝이었다. 심장이 쿵쾅쿵쾅 뛰기 시작했다. 목소리가 주는 반감보다 정말로 팟캐스트 같다!라는 감탄이 온몸을 지배했다. 목소리에 어울리는 음악을 고르고 나니, '안녕하세요' 자리에 보통 팟캐스트의 제목을 넣는다고 했다.


'책린이 마을 마을지기 책 수다'라는 긴 이름을 당장 그 자리에서 녹음해서 보내드렸다. 내 콘텐츠의 주 타깃층이 '책과 친해지고 싶은데, 무슨 책을 읽어야 할지 모르는 사람'이었기 때문에 '책린이'라는 단어를 넣었다. 저녁에 남편에게 이 이야기를 하면서 녹음한 파일을 들려주자, 남편이 '책린이'가 아니라 '책니니'라고 발음하는데?라고 했다. 몇 번을 교정하려고 해 봤지만, 잘되지 않아서 그냥 '책린이'라는 단어를 빼고, '책 마을 마을지기 책 수다'라는 제목으로 나중에 수정했다.

네이버 오디오 클립은 그렇게 시작되었다. 처음에는 오디오 클립에 맞게 수정한 대본을 녹음해서 보내드리면, 그 파일을 편집해서 보내주셨다. 그럼 다시 나는 보내주신 팟캐스트 파일을 나의 오디오 클립에 올렸다. 생방송을 할 때 쓰던 프로그램에 녹음 기능이 있기 때문에, 생방송을 할 때처럼 그냥 편하게 녹음을 했다. 대신 하나의 분량을 쭉 녹음한 것이 아니라 몇 번 끊어서 녹음을 해서 보내드렸다. 실수를 할 때마다 처음부터 다시 녹음하고 처음부터 다시 녹음했다. 5분에서 10분 사이의 분량을 계속해서 그렇게 하려니 너무 힘들었다. 그래서 편한 부분까지 끊어서 녹음했다.

지금은 모든 팟캐스트들을 내가 편집한다. 전문가분의 도움을 그것도 무상으로 계속 받기에는 너무 죄송했다. 내가 직접 편집을 해야 아무래도 내가 원하는 방향으로 그리고 좀 더 다양한 콘텐츠를 만들 수 있겠다는 생각이 들기도 했다. 결국 오디오 편집 프로그램 하나를 결제해서 배웠다. 처음에는 녹음 파일을 어떻게 옮기고, 배경음악은 도대체 어떻게 더하는지조차 몰라서 프로그램을 결재해 놓고 한 달을 방치하기도 했었다. 확실히 오디오 플랫폼에는 오디오 전문가분들이 많이 계셔서 그중 같은 프로그램을 쓰는 분에게 물어서 첫 스타트를 끊을 수 있었다. 드디어 내가 녹음부터 편집까지 해 낸 캐스트가 오디오 클립에 올라갔다.

그때부터 나의 콘텐츠가 점점 길어지기 시작했다. 하지만 오디오 클립은 나에게 여러 가지 문제가 되었다. 열심히 만든 콘텐츠에 대한 보상이 일단 너무 적었다. 조회 수와 좋아요 수가 늘어나는 건 분명히 좋지만, 엄청난 동기 부여가 될 만큼의 수는 아니었다. 네이버 오디오 클립 자체가 크게 수익구조가 나는 편이 아니었고, 내 콘텐츠가 '광고'를 받을 정도로 크는 것을 기다리기에는 조회 수가 너무 더디게 올라서 자꾸만 업로드를 미루게 되었다. 그것보다 당장 돈이 되는 무언가를 하고 싶었다.

다양한 플랫폼에서 동시에 방송을 하고, 이프랜드에서 활동을 하다 보니 자연스럽게 녹음하고 편집하는 시간이 줄어들었다. 마음속의 우선순위가 바뀌었다. 녹음만 하고 편집을 미루거나 대본을 써 놓고 녹음조차하지 않는 것들이 늘어나니까 그냥 그만할까? 생각도 했다. 주변에 오디오 클립을 듣는 사람이 없으니 도대체 누구에게 어떻게 홍보를 해야 할지도 모르겠다 싶었다. 그런데, '폴러리'라는 곳이 인스타그램 광고에 뜨기 시작했다.

아무래도 오디오 플랫폼을 해시태그로 많이 걸어두다 보니 알고리즘이 내게 보여준 것 같다. 폴러리는 팟캐스트를 올릴 수 있는 어플리케이션인데, 수익이 실시간으로 발생한다. 조회 수, 그리고 청취 지속 시간에 따라 실시간으로 수익이 쌓이는 구조다. 내가 그동안 만들었던 녹음 콘텐츠를 전부 폴러리에 올렸다. 적은 돈이었지만, 실시간으로 쌓이는 금액을 보니 적절한 동기부여가 되었다. 그때 확실히 느꼈다. 유튜브로 가야 하는구나!

뜬금없이 유튜브라니 하겠지만, 블로그를 할 때에도 네이버의 애드포스트나 카카오의 애드핏과 같은 우리나라 기업이 운영하는 이런 형태의 수익은 (폴러리도 마찬가지지만) 아무래도 쌓이는 금액이 매우 적다. 구글에서 운영하는 애드센스를 보면, 확실히 쌓이는 금액이 다르다. 현재 내가 운영하고 있는 티스토리 블로그에 애드핏과 애드센스의 수익금액이 10배 이상 차이가 난다. 나는 폴러리, 그리고 네이버 오디오 클립을 통해서 내 콘텐츠가 돈이 될 수도 있구나, 누군가가 내 콘텐츠를 내 목소리를 들어주는구나!를 배웠다.

　이건 생방송과는 전혀 다른 느낌이었다. 생방송에서는 실시간으로 누군가가 오고 가는 것을 볼 수 있었기에 방송 지표에 40명이 떠도 실제로 내가 느끼는 청취자는 15명 남짓이었다. 팟캐스트화 된 콘텐츠는 지속 청취 시간보다 조회 수 자체에 눈이 갔다. 그 40명이 전부 1초만 듣고 안 들었다고 하더라도 내 마음에는 40명으로 남았다. 이 지표는 나에게 나의 콘텐츠를 누군가의 관심을 끌만 하다는 가능성으로 보였다.

　유튜브와 팟캐스트 플랫폼을 포함한 오디오 플랫폼의 가장 큰 차이는 시장성이다. 확실히 팟캐스트나 오디오 플랫폼을 듣는 사람보다 유튜브를 보는 사람이 훨씬 많다. 유튜브를 본격적으로 시작하기 몇 주 전 오디오 플랫폼에 많은 시간을 투자하고 있었던 한 크루 분께서 점점 사람이 줄어가는 것 같다는 고민을 하셨다. 실제로 코로나로 인한 제한이 풀리기 시작하면서 크루로 활동하는 사람들도 방송을 듣는 청취자분들도 많이 줄었다. 그런데 그때, 고민 상담을 해주시고 계신 분께서 자신은 오디오 플랫폼에서의 활동은 더 큰 시장에 나아가기 위한 실험대라고 생각하며 방송을 하고 있다고 하셨다. 그 오디오 플랫폼 내에서 100명의 청취자는 정말 엄청나게 많다고 여겨지는 지표지만, 유튜브로 생각하면 매우 적은 수라고 하셨다. 콘텐츠를 만드는 사람은 콘텐츠가 많이 팔릴 곳에서 활동을 해야 한다는 그 말이 지금까지도 오래오래 가슴에 남는다. 그 밤의 대화를 들으면서 유튜브를 시작해야겠다고 마음을 먹었다.

실행은 빨랐다. 유튜브 스터디를 신청했다. 구립 도서관에서 좋은 가격으로 사람을 모집했는데, 보자마자 바로 결제를 했다. 한 치의 고민도 없었다. 오디오 클립을 시작하기 위해서 짧게는 몇 주 길게는 몇 달을 고민했을 때와는 완전히 달랐다. 한 분의 선생님과 5명의 팀원으로 구성된 스터디였다. 나는 편집이나 콘텐츠를 만드는 스킬을 알려주는 수업인 줄 알았는데, 그야말로 스터디였다. 물론 수업으로 10만 유튜버 선생님의 노하우와 유튜브의 기본적인 생리를 배우기도 했지만, 무조건 수업 기간 내에 2개의 콘텐츠를 만들어서 올려야 했다. 콘텐츠를 서로 피드백하는 시간도 가졌지만 무엇보다 유튜브에 콘텐츠를 만들어 올렸다는 데에 이 수업의 의의를 가진다.

유튜버가 되고 싶다는 고민 자체는 사실 몇 년을 가지고 있었다. 강아지를 키우기 시작했을 때는 강아지 유튜버를 해야지 하면서 영상을 찍고 편집도 해봤다. 유튜브가 아니라 인스타를 본격적으로 시작하는 계기가 되었다. 폴란드어를 공부하면서는 폴란드어를 가르치는 유튜브를 해야겠다면서 잔뜩 자료를 만들어서는 블로그에 연재를 했다. 뭘 어찌해야 할지 모르겠다고 핑계를 대면서 자꾸만 다른 길로 빠져나가던 것을 드디어! 유튜브에 나의 영상을 올리게 된 것이다. 그때 스터디를 하면서 만든 채널에 영상이 딱 2개가 올라가 있다. 하나는 쇼츠 영상이고, 하나는 '인간관계론'에 관련된 영상인데, 그 뒤 어떠한 영상을 올리지 않았는데도 조회 수가 300회 조금 덜 된다.

　오디오 플랫폼에서는 생각조차 하지 못했던 수여서 깜짝 놀랐다. 지금은 책과는 관련이 없는 다른 숏츠 채널을 운영 중인데, 갑자기 조회 수가 확! 늘어나는 때가 있다. 그러면 느낀다. '확실히 콘텐츠는 사람이 많은 곳으로 가야 해.'

　사람들은 유튜브가 이미 레드오션이라고 말한다. 그러나 국내의 크고 작은 오디오 플랫폼에서 활동을 해 본 결과 유튜브는 대상으로 하는 사람의 수가 완전히 다르다. 여러 가지 정책 때문에 유튜브 활동이 당장의 수익이 되지는 않는다. 들이는 노력에 비해서 뭔가 확실한 결과는 나오지 않는 것이다. '기업'의 입장이라면 사실상 손해다.

　나는 유튜브를 본격적으로 시작한 이유가 나의 콘텐츠를 더 많은 사람들에게 보여주고 싶어서였다. 유튜브는 확실히 접근이 쉽지 않지만, 나는 어떤 형식으로든 콘텐츠를 만드는 사람들이 작은 시장에 만족하며 머물러 있지 말라고 말하고 싶다. 콘텐츠는 많은 사람들에게 노출될 때 비로소 빛을 낼 수 있다.

# 나는 오디오 콘텐츠를 만드는 창작자입니다

일주일에 두 번 생방송이 있다. 이프랜드에서 하는 밋업도 다른 플랫폼에서 하는 방송도 보통 일주일에 두 번 정도 계획을 세운다. 그리고 월말에 다음 달 방송에 대한 계획을 세운다. 콘텐츠를 만드는 1인 창작자로서 가장 어려운 것은 기획부터 콘텐츠를 전달하는 모든 과정을 나 혼자서 해야 한다는 것이다.

방송을 시작하고 나서 매일매일 고민하는 것은 '다음 달에는 무엇을 주제로 방송을 할까?' '어떤 주제의 콘텐츠를 만들까?'이다. 어찌어찌 다음 달을 위한 계획이 세워지면 바로 그다음 달을 고민해야 한다. 그 기획을 만들어 내기 위해서 항상 공부해야 한다. 트렌드와 사람들의 관심사에 항상 깨어 있어야 한다. 커다란 주제를 정하고 나면 세부적인 것을 고민한다. 콘텐츠를 만들어 내는 일은 나에게는 고민의 연속이다. 아무것도 하지 않는 순간에도 머릿속은 계속해서 팽팽 돌아간다. 다음 달을 위한 주제를 고민할 때 보다 세부적인 것을 고민할 때에 한 층 더 피곤해진다.

얼마 전 '처음으로 책이랑 친해지기'라는 주제로 밋업을 기획했다. 접근하기 쉬운 책의 장르를 소개하고, 해당 장르의 책을 몇 권 소개하는 내용이었다. 총 6회의 방송을 위해 그림책, 에세이, 시, 어린이 청소년 소설, 단편소설 등 다양한 장르를 선정했다. 각각의 장르를 선정한 데에는 분명 나만의 기준과 이유가 있었다.

'그림책 같은 경우 글밥은 짧지만 그 내용에 자체에 마음을 울리는 임팩트가 있고, 그림과 함께 읽기 때문에 그 확장성도 높은 편이다. 어떤 책은 그림 자체가 힐링이 되는 경우도 있다. 많은 어른들이 그림책은 어린이들이 읽는 책이라고 생각하기 때문에 잘 들여다보지 않는다. 사실 그림책의 세계는 우리가 생각하는 것보다 훨씬 넓다. 요즘은 아예 어른들을 위한 그림책이 만들어지는 경우도 있고, 어른들을 위한 그림책 독서모임도 활발하다.'라는 나의 생각을 뒷받침해 줄 여러 가지 자료를 찾았다. 그렇게 자료를 찾다가 새롭게 알게 되는 부분도 있고 또 생각이 바뀌는 경우도 있다.

그렇게 장르와 그 장르를 선정한 이유에 대한 대본을 다 쓰게 되면,

다음으로는 책을 선정해야 한다. 책을 선정할 때에는 장르를 선정할 때 보다 좀 더 자유롭다. 나의 취향이 담뿍 들어가기 때문이다. 1인 방송인으로써 좋은 점은 바로 여기에 있다. 나의 취향 자체가 콘텐츠가 된다는 것.

방송을 위해서 북 큐레이터 공부를 한 적이 있다. 그림책 큐레이터 과정과 북 큐레이터 과정 각각 2급을 수료했다. 배움의 과정에서 가장 중요하게 배운 것이 바로 '객관성'이었는데, 큐레이터의 취향만으로 책을 선정하면 안 된다고 했다. 그때 나는 처음으로 내가 만드는 콘텐츠의 방향성을 고민했다. 고민은 길지 않았다. 나는 '나'를 콘텐츠의 주제로 삼았다. '좋아하는 것을 좋아한다고 말하는 것'이 나의 콘텐츠의 방향성이 되었다.

이전에는 책에 조금 더 집중이 되어 있었다. 단 한 사람이라도 내가 소개하는 책을 더 읽었으면 좋겠다고 생각한다. 책을 홍보하듯이 방송을 했었다. 사실 좌절도 많이 했다. 진짜 좋은데 이 책 진짜 좋은 책인데 왜 안 읽을까? 하는 생각이 들었다.

내가 콘텐츠의 주제가 되니 그런 마음이 들지 않았다. 누군가에게 강요하듯 책을 소개하지 않게 되었다. 그저 친한 친구들에게 내가 좋아하는 것을 소개하면서 수다 떠는 느낌으로 한 결 편하게 방송을 진행할 수 있게 되었다. 그런 마음이 되기까지 많은 시간이 걸렸다. 옆에서 누군가가 조언해 주고 잡아주는 사람이 없이 혼자 생각하고 혼자 결정해야 하다 보니 시행착오가 많았다. 자유로운 만큼 많은 부분에서 위태롭고, 위태로운 만큼 자유롭다.

그렇게 방송을 하다 보니 시청자들과 편안하게 소통을 할 수도 있게 되었다. 책에 초점을 맞추어 홍보하듯이 방송을 했을 때에는 아예 '대본 읽는 중 소통이 어렵습니다.'라고 공지를 올렸었다. 갑자기 질문이 들어오면 당황하기도 했다. 요즘은 편안하게 방송을 하시는 것 같아서 듣는 사람도 좋다고 말씀을 해주시는 분들도 있다. 그전에는 경직되어 있었다고 했다. 특히나 생방송은 시청자들과의 소통이 중요하다.


일주일에 한 번 팟캐스트 플랫폼에 오디오 콘텐츠를 만들어 올렸다. 지금은 네이버 오디오 클립이나 폴러리와 같은 팟캐스트 플랫폼에 올리던 것을 유튜브로 옮겨가려고 준비 중에 있다. 유튜브 영상을 만들 때에 나는 가상 캐릭터를 만들어서 영상을 만들려고 공부를 하고 있다. 이미 만들어진 팟캐스트에 영상을 입혀서 유튜브에 올릴 수도 있다. 나는 좀 더 생동감을 불어 넣기 위해 가상 캐릭터를 이용해서 영상을 새로 만드는 것을 선택했다. 오디오 플랫폼에서 유튜브와 같은 영상 플랫폼으로 옮겨간 동료 크루 분들 중에는 사진이나 PPT를 이용해서 영상의 형태를 만들어 유튜브에 올리기도 한다.

팟캐스트를 만들 때에는 보통 매일 조금씩 일을 했다. 월요일에 대본을 수정하거나 작성하고, 화요일에는 녹음을 했다. 수요일과 목요일에는 녹음된 파일을 편집하고 금요일에는 섬네일을 만들고 업로드를 했다. 한꺼번에 하려고 하면 게을러지고 미루게 되기 때문에 매일 조금씩 일을 했다. 무슨 일을 하든지 혼자서 해야 하기 때문에 시간을 관리하는 것이 중요하다.

처음에는 욕심만 많아서 일을 벌이기만 했다. 한 번에 3~4개의 플랫폼에서 방송을 하고, 특집 방송인을 모집하면 전부 지원해서 욕심껏 방송을 늘려 나갔다. 그러다 보니 체력적으로 지치게 되고 방송의 질도 좋지 않게 변했다. 내가 어느 만큼 일을 할 수 있는지를 제대로 알고 할 수 있는 일을 제대로 관리하는 것이 중요하다는 것을 깨닫고 하나씩 하나씩 정리해 나갔다. 지금은 한 개에서 두 개의 플랫폼을 중심으로 활동하고 있고, 기획에 더 많은 시간을 투자해서 양질의 콘텐츠를 만드는데 집중하고 있다.

함께 일하는 사람들이 많다면 일을 서로 나눠서 할 수 있지만, 혼자 일을 하기 위해서는 현재의 나와 미래의 내가 적정한 선에서 타협을 봐야 한다. 미래의 나에게 너무 많은 일을 미루지 말고, 현재의 내가 모든 것을 떠안지도 말아야 한다. 콘텐츠를 만들어 내는 것만큼 나 자신을 관리하는 것도 1인 기업인으로서 가장 중요한 업무 중 하나이다. 오히려 회사에 다니는 것보다 더 철저하게 시간을 관리해 나가야 한다.

처음에 팟캐스트를 올리고는 조회 수에 일희일비했었다. 지금은 그다지 신경 쓰지 않는다. 누군가가 내 목소리를 들어주었으면 좋겠다고 물론 생각하지만, 그 목소리를 쌓아 가는데 집중하고 있다. 이는 유튜브를 이용하면서도 마찬가지이다. 물론 수익적인 면에서 조회 수와 시청 시간이 중요한 역할을 하지만, 처음부터 조급하게 마음을 먹으면 꾸준히 할 수가 없다. 오디오 플랫폼도, 유튜브와 같은 영상 플랫폼도 그리고 블로그나 인스타그램과 같은 SNS를 이용하는 경우도 마찬가지다. '콘텐츠'를 판매하려면 꾸준히 쌓아 올리는 것이 중요하다. 꾸준히 쌓아 올려가려면 욕심을 부리기보다는 지치지 않는데 초점을 두어야 한다.

동시에 내가 어느 곳에서 방송을 하든지 간에 나를 따라와 줄 수 있는 나의 콘텐츠를 꾸준하게 즐기는 충성고객이 필요하다. 이를 위해서는 나도 발품을 팔아야 한다. 콘텐츠의 질이 중요한 것은 물론이거니와 각 플랫폼의 성격에 맞추어서 고객을 늘려가고 홍보를 해 나가야 한다. 생방송에서 만난 청취자라면 그들과 꾸준하게 소통을 해야 하고, 팟캐스트 같은 경우에는 SNS를 잘 활용하여 홍보해야 한다. 새로운 캐스트를 올렸으니 많이 들어달라고 말이다. 다른 분들의 방송에 적극적으로 참여하는 것도 필요하다. 내가 관심을 가지는 만큼 상대도 내게 관심을 가져준다.

처음 팟캐스트를 만들 때에는 오디오 편집을 전혀 할 줄 몰랐다. 다른 전문가분께서 편집을 도맡아서 해주셨다. 나는 그동안 틈틈이 편집 공부를 했다. 덕분에 팟캐스트를 올리면서 편집 공부도 할 수 있었다. 도움이 없었다면 아마 아직까지 팟캐스트 쪽은 생각도 못했을 것이다. 유튜브도 여전히 생각만 하고 실천하지 못했을 수 있다.

기획부터 홍보까지 모든 일을 혼자서 감당해야 하는 것이 콘텐츠 창작자이지만, SNS를 잘 활용하고, 같은 일을 하는 동료들과 소통하다 보면 내게 부족한 부분이 채워지기도 한다. 내가 할 수 있는 일에 대한 소식을 얻을 수도 있다. 혼자 일하지만 혼자서만 일할 수는 없다는 것을 잘 인지해야 한다. 내가 부족한 부분은 도움을 구하거나 도움이 되는 서비스를 이용하는 등 효율적으로 일할 수 있는 방법을 찾으면 된다. 뭔가 하고 싶은 일이 있다면, 당장 기술이 없다고 지레 겁먹고 포기하지 말자. 나는 혼자 일하면서도 이 마음을 염두에 두고 계속해서 도전해 나가고 있다.

# 커리어 만들기의 최강자! 오디오 플랫폼

요즘 전문가들은 유튜브를 많이 하고 있다. 유튜브는 영상편집, 촬영 등 선뜻 시작하기 어려운 벽이 있다. 오디오 플랫폼은 마이크 하나만 있으면 된다. 플랫폼에 따라서는 굳이 마이크가 없이 폰 하나만 있으면 된다. 요즘은 팟캐스트를 만드는 것도 휴대폰 하나로 할 수 있도록 지원해 주는 플랫폼들도 있다. 유튜브와 오디오 플랫폼 그리고 메타버스를 모두 경험해 본 사람으로서 오디오 플랫폼이 가장 진입 장벽이 낮다고 말할 수 있다. 그다음은 메타버스 활동인 것 같다. 오디오 플랫폼과 별반 다르지 않다.

나는 책이 좋아서 오디오 플랫폼에서 방송을 시작했다. 내가 아는 것, 내가 좋아하는 것을 나누고 싶어서 시작한 일인데, 이제는 내가 더 많이 배우고 있다. 예전에 독서모임을 하면서 내가 좋아하는 책의 장르뿐 아니라 다양한 장르의 다양한 책을 읽을 수 있어서 좋았다. 방송을 하게 되면서는 주제에 맞는 책을 선정하기 위해 더욱 다양한 책을 읽는다. 책이 싫어졌다고 할 정도로 꾸역꾸역 읽다가 이제는 조금 여유를 뒀다. 좋아하는 일을 해도 힘들 때가 있다.

무엇보다 내가 읽은 책에 대한 나의 마음이 오래오래 남아서 좋다. 정말 좋은 책을 읽었는데, 평소에는 이것에 대해 나눌 사람들이 없다. 독서모임을 해도 한 가지 책에 대해서만 이야기하고 덧붙여도 한두 권 정도이다. 내 방송은 내가 만들어 나가는 것이기 때문에 나는 한 가지 주제로 10가지 책을 소개하기도 한다. 이 책은 이래서 좋고 저 책은 저래서 좋다고 잔뜩 흥분해서 떠들다 보면 어느새 시간이 지나있다. 내가 좋아하는 것을 실컷 좋아하고, 그것으로 돈을 벌고 사람들에게 소개할 수 있다.

오디오 편집 프로그램은 독학으로 익혔다. 유튜브를 보거나 같은 프로그램을 사용하는 분께 물어 그때그때 필요한 기술만 배운 것이지만, 내 콘텐츠를 만들 정도는 편집을 하고 있다. 덕분에 유튜브를 시작할 때 영상뿐 아니라 음성까지도 신경 써서 만든 영상을 올릴 수 있었다.

방송을 하다가 만난 분들은 제각기 다양한 이유로 오디오 플랫폼 방송을 시작했다. 어릴 적 '라디오 DJ'가 되어 보고 싶었다는 분은 비슷한 느낌으로 방송을 하셨다. 듣는 청취자와 방송을 하는 본인에게 예전 주파수를 맞춰가며 들었던 라디오 방송에 대한 추억을 선물했다. 간간히 음반을 내면서 가수 활동을 하는 분은 자신의 음악과 무대를 홍보했다. 사람들 앞에서 버스킹하듯 방송을 진행하셨다. 취미로 직장인 밴드를 운영하던 어떤 그룹은 매주 토요일 방송을 했는데 용기를 얻어 바깥으로 나가 버스킹을 하면서 야외 방송을 했다.

자신이 좋아하는 분야를 더 열심히 공부하기 위해 방송을 시작하신 분들도 있다. 내가 좋아하던 방송 중에 '샹송'을 틀어주던 방송이 있었는데, 처음으로 듣는 이국적인 음악이 좋았다. 내가 알던 것보다 스펙트럼이 넓어서 놀랐다. 초반에는 여러 가지 프랑스어 표현을 가르쳐 주시기도 했었다. 아나운서를 준비하던 학생은 매일매일 뉴스를 읽어주는 방송을 했다. 그중 한 뉴스를 찍어서 자신의 생각을 청취자분들과 나누기도 했다. 배우를 준비하시거나 성우를 준비하시는 분들은 대본 연습을 하고, 사람들에게 피드백을 듣기도 했다.

전문가분들이 자신의 지식을 나누는 방송도 있다. 부동산이나 주식 전문가분들이 강의를 했다. 플랫폼에서 모셔와서 강의를 론칭하는 경우도 있었다. N잡러 분이 자신이 하는 여러 가지 일들을 소개하는 강의를 열어서 방송을 했다. 챌린지를 함께 홍보했는데, 많은 사람들이 참여하면서 성공적으로 마무리했었다. 시 낭독 방송이라던지 시 쓰기 방송이 열리고, 좀 더 실용적으로는 자기소개서 쓰는 방법을 알려주거나 다른 사람의 자기소개서를 피드백 하는 방송이 오픈되었다.

이프랜드에는 더 많은 사람들이 모였다. 글쓰기, 요리, 사회복지, 언어치료, 그림, 독서 등 그 분야도 다양하다. 강의 형식으로 방송을 진행하기에 수월하다 보니 전문가분들이 많이 오셔서 자신의 지식을 아낌없이 나누었다. 다양한 강연도 많이 열려서 찾아 듣는 재미가 있다.

고작 1시간 방송을 위해 두 시간 세 시간 많게는 하루, 일주일까지도 준비해서 방송을 했다. 그러다 보니 방송을 위해 내가 알아야 하고 공부해야 할 일들이 많아졌다. 어떤 분야를 제대로 알고 싶으면 그 분야를 가르쳐야 한다고 했다. 그 말이 무슨 말인지 뼈저리게 알 것 같다.

함께 방송하는 대학생들 중에는 오디오 플랫폼 활동을 대외 활동의 일환으로 했다. 블로그나 인스타 등 SNS에 자신의 활동을 업로드하고, 플랫폼 내에서 하는 다양한 공모전에 참가하기도 했다. 나는 이프랜드에서 열린 웹드라마, 숏폼, 웹툰 공모전에 참여를 했다. 첫 플랫폼에서 활동하던 때부터 함께하던 크루 분들과 함께 웹드라마를 만들어서 2등 수상을 했다. 결과도 결과였지만 난생처음으로 완전히 멋진 팀원들을 만났다는 것이 좋았다. 제대로 된 결과를 만들고 그 결과를 위해 함께 땀 흘리며 추억을 쌓았다. 덕분에 난생처음 연기에도 도전을 했고, 대본을 수정할 때도 참여를 했었다.

아바타를 이용해서 드라마를 만드는 것은 내게 커다란 경험이 되었다. 평소에도 글 쓰는 것을 좋아했는데 마침 한 플랫폼에서 오디오드라마 극본 공모전을 열었다. 10분 내외의 짧은 극본을 쓰는 것이었다. 짧기도 하고 생각나는 이야기가 있어서 공모전에 도전을 했다. 결과는 좋지 않았다. 탈락한 것은 아니고 제출 작품 수가 적어 공모전 자체가 취소되었다. 상심이 컸지만, 이 공모전을 위해 함께 공부하던 분이 오디오 드라마 자체를 제작하기 시작하셨다. 내가 쓴 대본으로 작품을 만들고 싶다고 연락이 왔다. 책을 소개하던 사람인데, 책을 쓰고 오디오 드라마의 극본을 썼다. 오디오 플랫폼에서 방송을 하면서 내가 좋아하는 일을 하는 것을 해도 된다는 자신감을 얻었다.

팟캐스트 만든 것을 포트폴리오처럼 이용한 적이 있다. 유튜브를 만드는 교육에 지원했는데 무료 교육이었다. 그러다 보니 까다로운 기준을 가지고 사람을 뽑았다. 나는 그동안 내가 만든 팟캐스트의 링크를 보내드리고 녹음 본도 몇 개 보냈다. 결국 최종 선발이 되었는데, 여러 가지 이유로 하지는 못했다. 면접을 보면서도 직접 만든 팟캐스트에 대한 이야기가 나왔었다. 내가 만든 콘텐츠 하나하나가 나의 포트폴리오가 되었다.

나를 특별하게 알리고 싶은데, 유튜브가 여러모로 부담스럽다면 먼저 오디오 플랫폼을 공략해 보길 바란다. 생방송을 하는 것도 녹음한 것을 올리는 팟캐스트도 환영이다. 사람도 장비도 필요 없다. 나 하나와 내가 만드는 콘텐츠 그리고 휴대폰만 있으면 된다. 나는 오디오 콘텐츠를 주로 만들다가 유튜브로 진출했다. 내가 가진 목표에 따라 오디오 플랫폼을 이용할 수 있다. 생방송을 하는 것 그리고 녹음방송을 팟캐스트로 만드는 것 모두 막상 해 보면 굉장히 쉬운 일이다.

# 당신이 만든 콘텐츠가 당신의 상품입니다

회사에서 일을 할 때 내가 가졌던 책임감은 내게 주어진 일을 실수 없이 처리하는 것이었다. 그러나 혼자 콘텐츠를 만들어 나가면서 책임감은 몇 배로 무거워졌다. 내가 만드는 콘텐츠의 하나부터 열까지 모두 나의 손길이 들어가다 보니 항상 신경이 곤두서 있는 느낌이 든다.

초기에 오디오 플랫폼에서는 '저작권'의 개념이 별로 없었다. 아무래도 휘발성이 강한 생방송이다 보니 저작권을 그다지 신경 쓰지 않는 느낌이었다. 보통 플랫폼은 저작권과 관련된 문제가 생기면 발을 빼기 마련이다. 플랫폼은 그냥 내가 방송을 할 수 있도록 장소를 제공해 주는 것일 뿐 버그와 같은 프로그램적인 문제가 아니라면 내 콘텐츠 자체의 문제는 오로지 나에게 있다는 것을 명심해야 한다.

방송을 준비하면서 저작권과 관련된 고민을 하게 되는 경우가 많다.

배경음악을 준비하면서 이 음악을 써도 되는지 안 되는지부터 배경화면이나 프로필 사진에 어떤 일러스트나 사진을 써도 되는지 그리고 이프랜드 같은 경우는 영상을 공유할 수 있기 때문에 이 영상을 써도 되느냐 안 되느냐 계속해서 저작권과 부딪힌다.

휘발성이 강한 생방의 경우에 사람들은 별로 신경 쓰지 않고 사용하기도 한다. 그러나 특히 팟캐스트를 만들어 올린다거나 방송의 내용이 남게 되는 플랫폼의 경우는 배경음악에 대해서 플랫폼이 가지는 태도를 보아야 한다. 플랫폼 자체적으로 저작권 문제를 해결해 놓은 경우도 있다. 아예 모든 문제의 책임을 호스트에게 떠넘기는 경우도 있다. 플랫폼을 결정할 때에 또는 방송을 하면서 이런 부분은 계속 신경을 써야 한다.

동시에 나의 콘텐츠에 대한 저작권도 내가 지켜야 한다. 내가 만드는 콘텐츠는 하나하나가 나의 상품이다. 내 콘텐츠와 나 자신의 가치를 계속해서 높여 가는 것 역시 콘텐츠를 만들어 나가는 사람으로서 내가 감당해야 할 문제다.

물론 방송을 하다 보면 내가 했던 콘텐츠와 비슷한 콘텐츠를 만나기도 한다. 나 역시 어떤 분의 방송에 들어가서 좋은 부분을 배워 내 방송에 접목시키려는 노력을 한다. 서로가 서로에게 배움이 되는 것이다. 같은 밸런스 게임을 해도 사람이 다르다 보니 완전히 다른 방송이 만들어지기도 한다. 기술을 배우고 나의 개성을 더해서 새로운 콘텐츠를 만들어 나가는 것은 상관이 없다. 그러나 상품 자체를 훔쳐서 파는 것은 절대 안 될 일이다.

짧은 오디오 드라마 공모전에 작품을 제출한 적이 있다. 그런데 제출된 작품의 수가 적다는 이유로 공모전 자체가 취소가 되었다. 상관이 없었다. 그럴 수 있지라고 생각했다. 그런데 문제는 다른 데에 있었다. 공모 취소 공지사항을 보는데, 제출된 공모전의 작품은 오디오 드라마로 만들어서 사용될 수 있다는 문구가 쓰여 있었다. 물론 작가 본인에게 허락을 받는다고 했지만 개인적으로는 공모전이 취소가 되었으면 공모전에 출품된 작품도 모두 회사 측에서 폐기하는 것이 맞다고 생각했다.

이미 전적이 많은 플랫폼이었다. 이전에 열렸던 공모전에서는 수상작을 드라마 화하는 것을 작가에게 허락받지 못하자 출품작 중에 하나를 드라마 화해서 플랫폼에 게재했는데 그에 대한 수수료를 전혀 주지 않았다고 했다. 이야기를 듣고 조금 속이 상했다. 누군가의 콘텐츠, 누군가의 작품을 무료로 사용하는 것에 대해 아무렇지 않은 플랫폼이 제일 문제이지만, 콘텐츠를 만드는 사람들도 나의 콘텐츠를 소중하게 여기면 좋겠다고 생각한다. 다만, 그 '가치'는 나를 기준으로 만들어진다.

앞서 이야기 한 드라마 공모전의 경우 대본 사용을 허락하신 분은 내가 쓴 글이 드라마로 만들어진다는 것 자체를 하나의 기회로 생각해서 허락했을 거라고 생각한다. 그 일을 계기로 크게 한 단계 올라갔을 수도 있다. 사실 대본이 빛을 얻기 위해서는 그 목적대로 만들어져야 한다. 그렇다면 그 사람은 분명 자신의 기준에 따라 대가를 받은 것이다. 내가 이야기하고 싶은 것은 내가 만든 콘텐츠의 정당한 가치를 항상 생각해야 한다는 것이다.

콘텐츠의 가치도 마찬가지이지만 나 자신의 가치도 내가 책임을 지고 높여야 한다. 나의 가치를 높이는 것이 내가 운영하는 나의 기업 가치가 올라가는 것이다. 처음에는 무조건 일단 제안이 오거나 신청자를 받는 모든 플랫폼에 도전을 했다. 나에게 들어오는 금액이 얼마인지는 생각하지 않고 덤벼들었다. 하루에 세 개의 방송을 할 정도로 일이 많아졌고, 방송을 위해 투자하는 시간이 많아졌지만 수중에 떨어진 돈은 얼마 되지 않았다.

계속해서 콘텐츠가 쌓여서 사람을 모으는 팟캐스트나 유튜브와는 다르게 일반적인 방송은 계속해서 휘발되었다. 결국 내게 남는 건 없었다. 하루에 세 개 네 개의 방송을 하다 보니 대본 준비할 시간은 오히려 줄어들어 하나의 대본으로 돌려 막기를 한 적이 있다. 당연히 방송의 질이 떨어졌다. 그때 프리랜서 활동을 오래 하셨던 크루 분이 프리랜서는 몸값을 올려가면서 일을 한다고 했다. 경력이 쌓이면 그만큼 내 몸값도 올려야 한다는 것이었다. 사실 일을 많이 하는 게 몸값을 올리는 것이라고 생각했던 나에게 그 말은 큰 깨달음을 주었다.

계약 기간이 다 한 몇몇의 플랫폼을 정리했다. 지원금을 차일피일 미루거나 예산 문제로 다음 기수의 지원금이 삭감된 곳들이었다. 제대로 정산을 해 주는 곳과 유튜브와 팟캐스트 활동을 남겼다. 남은 시간에는 그동안 하고 싶었으나 하지 못했던 다양한 일들을 하며 나의 가치를 높이는 데에 썼다.

오디오 플랫폼 활동을 그냥 개인의 취미활동으로 한다면 취미활동을 하면서 돈을 버는 정도였을 것이다. 나는 하나의 기업으로 움직이고 있는 것이라고 나 자신을 다 잡았다. 사실 하나씩 하나씩 정리할 때마다 아깝다는 생각에 고민을 많이 했었다. 지금은 그때 정리하길 잘했다고 생각한다. 오히려 더 많은 경험을 하면서 더 다양한 수익 루트를 만들어 나가고 있다.

하고 싶은 일들이 너무 많지만, 일을 벌이기 전에 꼭 한 번씩 생각을 하게 된다. 첫 번째는 내가 그 일을 할 수 있는 역량이 되는가이다. 이때의 역량은 보통은 시간이고 그다음이 능력이다. 두 번째는 그 일을 해서 내가 무엇을 얻을 수 있는 가이다. 무조건 돈이 된다고 하지 않고, 돈이 안 된다고 일을 고사하지 않는다. 돈이 된다고 해도 내가 할 만한 역량이 안 되면 과감하게 포기하고, 돈이 안 된다고 해도 투자의 가치가 있다고 판단이 되면 적극적으로 움직인다.

회사를 다니거나, 학원에서 일을 할 때 나의 가치를 결정하는 것은 외부의 일이었다. 심지어 공부를 할 때도 마찬가지였다. 내가 한 일이 얼마나 많은 성과를 내었는지가 나의 가치를 결정했다. 지금의 나는 내가 정한 나의 가치를 기준으로 일을 정한다. 그 일이 나에게 얼마나 가치가 있느냐를 정해서 움직일 수 있게 되었다.

그저 콘텐츠를 만들어 올리는 것은 취미로도 할 수 있다. 이렇게 유튜브를 시작하거나 인스타나 블로그를 시작하는 사람들도 많다. 함께 방송을 하시는 분들도 종종 '현생'을 이유로 휴방을 하거나 결국 플랫폼을 떠났다. 원래 하던 일을 그만두고 콘텐츠를 만드는 일을 주력으로 하는 나와 같은 사람들도 생겼다. 결국은 가치를 어디에 두느냐의 차이이다. 혼자 일을 하다 보면 함께 고민하고 의견을 나눌 '동료'가 없다. 모든 판단을 혼자 해야 하고 그 책임도 스스로 져야 한다. 두 번째 커리어를 꿈꾸는 당신! 당신의 가치는 무엇인가?

# 제5장
## 평범한 주부에서 수공예 작가로!

정은혜

# 나의 꿈은 현모양처입니다

현모양처란 어떤 사람인가? 사전적 의미로는 '어진 어머니이면서 또한 착한 아내'라고 한다. 현명하면서 착하기까지 한 아내가 되어야 한다는 건 어려운 일이다. 아이를 키우며 남편도 완벽하게 내조해야 한다는 말일 테니까. 결혼하면 아이를 낳을 것이고 아이를 낳으면 보육은 대부분 엄마의 몫이다. 현모양처의 사전적 의미를 보며 '아이를 돌보고 남편을 내조하는 모든 아내는 현모양처가 아닐까?'라고 생각했다.

어린 시절 외동아이로 자란 나는 부모님이 집을 비우는 시간이 많아 항상 외로웠다. 언젠가 결혼해서 아이를 낳는다면 나처럼 혼자 있게 하고 싶지 않았다. 맛있는 걸 해주고 함께 앉아 먹으며 아이와 눈을 맞추고 싶었다. 늘 곁에서 이야기하고 들어주길 원했다. 내가 어린 시절 받지 못한 부분을 채워주고 싶은 마음이 컸다. 남편도 나와 같은 생각이었다. 내가 아이를 돌보고 집안일을 함으로써 본인이 가정일에 마음 쓰지 않고 밖에서 집중해 일할 수 있길 바랐다.

나는 스물일곱에 첫 아이를 낳았다. 주위에 결혼한 친구가 없었으니 당연히 아이 엄마도 없었다. 친정 부모님은 일찍 돌아가셨고 친척들은 멀리 살았다. 개인 사업을 막 시작한 아이 아빠는 매우 바빴다. 남편의 사업이 잘되는 건 고마운 일이었다. 도움 없이 아침부터 저녁까지 아이를 돌보는 일은 고됐다. 먹이고 치우고 씻기고 식사 준비하고, 먹이고 치우고 재우는 기약 없는 날들이 매일매일 반복되었다. 주위에 조언을 구할 사람도 없이 육아 책에 의존해 아이를 돌보았다. 초보 엄마에게는 다행스럽게 아이는 잘 먹고 잘 자고 때가 되니 걷고 말했다. 아이를 돌보는 일은 힘들었지만 그만큼 사랑스럽고 예뻤다. 최선을 다해 아이를 키웠지만 24시간 아이와 함께 있으면서 힘에 부칠 때도 많았다. 대부분 그러하듯 실수도 잦았을 테고 남들이 보기에 어설픈 점도 있었을 것이다. 그렇지만 나는 상황에 맞게 해야 하는 일들을 묵묵히 잘 해내고 있었다.

아이를 키우면서 또 해야 하는 집안일은 무엇인가? 청소만 해도 먼지 털기, 먼지 닦기, 바닥 청소, 장난감 정리, 화장실 청소, 베란다 청소, 창틀 닦기 등 해야 할 게 많다. 주방에서는 음식 재료 준비, 요리하기,

주방 정리, 설거지, 가스레인지 닦기, 재활용 분리, 냉장고 청소 등이 있다. 빨래도 색깔별로 분리, 세탁기 돌리고 나면 널기, 걷어서 정리, 먼지 떼기, 옷 개기, 개어서 가져다 두기 등. 눈에 보이는 일이든, 보이지 않는 사소한 일이든 대부분 주부의 할 일이다. 해도 해도 끝이 없고 하지 않으면 바로 티가 나는 집안일이라는 단어에는 해야 하는 일들이 어마어마하게 숨어있다.

일하고 온 남편이 집에 돌아오면 나도 무언가 했다는 사실을 알아주길 바라는 마음이었다. 항상 집에 먼지 한 톨 없이 늘 정리 정돈된 모습을 유지했다. 남편은 무심한 것 같으면서도 지인들에게 "우리 집은 속옷이랑 양말이 군대에서처럼 가지런히 각 잡혀 있어."라고 말했다. 또 내가 만들어 놓은 여러 종류의 김치들과 요리를 맛있게 먹어주고 손님들이 오면 애 엄마가 전부 만든 거라며 이야기해주는 모습에 나는 뿌듯함을 느꼈다. 모임에서는 "남편한테 재활용 분리, 쓰레기 버리는 거 왜 시켜? 내가 하면 되지!"라고 말했다가 남편들에게는 박수를 부인들에게는 따가운 눈총을 받은 적도 있다.

내가 원하던 현모양처는 어떤 모습이었을까? 어진 어머니가 되었는지는 모르겠지만 내가 바라던 대로 늘 아이 곁에서 많은 시간을 함께했다. 남편이 육아나 가정일에 신경 쓰지 않도록 챙기며 착한 아내가 되기 위해 항상 애썼다. 끝나지 않을 듯 반복되던 육아도 아이가 커가며 익숙해졌다. 반나절 어린이집을 보내기 시작하며 3년 만에 아이와 떨어져 내 시간이 생겼다. 내 시간이 생긴 후 출산 전 다니던 회사의 배려로 아이 어린이집 시간에 맞춰 10시부터 4시까지 1년 가까이 출근했다. 짧은 시간이라 해도 일을 하며 아이를 돌보는 건 힘들었다. 내 만족에 몇 시간이라도 사회생활을 원했지만 아이에게 소홀해지는 것 같아 그만두게 되었다. 낮에는 집안일을 했고 취미생활을 하며 시간은 흘렀다.

첫째를 낳고 6년 만에 둘째 아이를 낳았다. 둘째는 첫째와 정반대의 기질을 가진 아이였다. 잘 먹고 잘 자고 엄마를 힘들게 하는 일 없이 무난하게 자란 첫째였다. 다른 성향의 아이와 6년 만에 다시 시작하는 육아는 여러 의미로 새로웠다. 하지만 달라진 건 없었다. 가족을 위해 정성껏 음식을 하고 깨끗한 가정환경을 위해 부지런히 쓸고 닦고 정리했다. 아이들과 여전히 많은 시간을 보냈다. 남편이 가정일에 신경 쓰지 않도록 내조하는 착한 아내도 되었을 거라 믿고 있다. 현모양처라는 내 꿈을 어느 정도 이룬 거로 생각하며 하루하루를 살았다.

어느덧 첫째 아이가 9살, 둘째 아이가 4살이 되었다. 그해 나는 많이 아팠다. 활동적으로 운동도 열심히 했고 살도 찌지 않았다. 건강한 음식들을 만들어 먹었고 관리를 잘하며 지냈다고 생각했다. 가족들과 주위 모든 지인이 놀랐지만 가장 큰 충격을 받은 것은 역시 나였다. 멀게만 느꼈던 삶의 유한함을 37살에 생각하고 있었다. 아이들이 나처럼 외롭게 자라지 않길 바랐다. 어디서 무엇을 하든 아이들과 늘 함께하려 했다. 그렇게 살아 온 나를, 그 순간 무엇보다 힘들게 한 건 아이들이 엄마의 사랑 없이 성장할 수도 있다는 불안한 마음이었다.

유전성 유방암 진단으로 6개월 동안 3주마다 8번의 항암 주사를 맞았다. 모든 통증을 하나하나 이야기하긴 힘들지만, 어느 때는 누군가 24시간 나를 찍어 누르며 때리는 근육통을 견뎌내야 했다. 면역력이 약해져 결막염을 항상 달고 살며 입 안이 전부 헐어 아무것도 먹지 못하는 날들도 많았다. 발톱이 스스로 빠지기도 하며 항암약물의 수많은 부작용이 나를 죽일 듯이 고통스럽게 했다. 심할 때는 물만 닿아도 온몸이 저릴 정도로 아팠다. 나는 손끝의 욱신거리는 통증을 느끼면서도 아이들 현장 체험 학습에 가지고 갈 김밥을 말았다. 몸은 힘들지만 그동안 내가 가족을 위해 해왔던 일들을 멈추고 싶지 않았다. 아이들과 살을 비비며 더 많은 시간을 보내기 위해 노력했다. 남편에게 내가 생각하는 착한 아내는 더 이상 되어 주지 못했다. 10년 넘게 꼭 차려주던 아침밥을 통증으로 해주지 못하는 날들이 늘었다. 남편은 아픈 나를 위해, 아이들을 위해 음식을 하고 빨래와 청소를 했다. 쓰레기를 버리고 재활용 분리도 잊지 않고 도왔다.

1년여 시간 동안 수술과 치료가 끝났다. 치료는 마무리되었지만 약으로 체질이 변하고 체력은 밑바닥이었다. 청소 후 두 시간은 꼼짝없이 누워있어야만 했다. 집안일을 도와주는 가사도우미를 불렀다. 직접 할 때보다 만족하지 못하는 건 당연했다. 나는 이제 어마어마한 집안

일에 연연하지 않고 싶었다. 티가 나도 몸이 힘든 나를 다독이며 스스로를 괴롭히지 않았다. 아이들이 물건을 정리해 놓지 않으면 나도 모르게 내뱉던 짜증 섞인 말도 그만두었다. 대신 함께 어지르고 춤을 추고 놀며 시간을 보냈다. 내가 할 일은 집안일밖에 없다는 생각과 깨끗해야 한다는 강박감이 더해져 아이들과 나에게 스트레스를 준 것 같았다. 나는 가정에서 수많은 집안일로 인해 필요한 사람이 아니었다. 엄마, 아내 외에 나 자신 자체로 소중한 사람이라는 걸 깨달았다. 덕분에 나를 더욱 챙기고 스스로를 돌아보는 계기를 가질 수 있었다. 힘들었던 순간을 보내고 우리 가족은 함께 하는 시간에 집중했다. 남편, 아이들과 고통 없이 지내는 건강한 매일매일에 감사한 마음을 가졌다. 애쓰지 않아도 되는 일은 어느 정도 넘어갔다. 그렇게 지내다 보니 내 시간이 더 많아졌다.

그때부터, 다른 무언가에 도전해 보기 위해 나의 꿈이라고 만들어 놓은 현모양처의 틀에서 조금씩 벗어나기 시작했다.

# 내게도 돈 버는 재주가 있을까?

용돈을 받으면 금방 다 써버리는 나에게 아빠는 말씀하셨다. "너는 하루만 살래?" 정확히 하루는 아니고 3일 이내에 지갑이 얇아졌다. 친구들도 나와 비슷하다고 말했다. 용돈을 조금 주니 금방 쓰는 거라고 말했지만 통하지 않았다. 아빠는 같은 금액을 한 달에 네 번으로 횟수를 늘려 나눠주셨다. 자녀의 계획성 있는 소비를 위해 나름 고민하신 방법이었지만 효과는 없었다. 그랬다. 나는 어릴 때부터 돈 쓰는 재주가 탁월했다.

성인이 되어 직장생활을 시작하면 달라질 것이라고 생각했다. 내가 힘들게 번 돈이니 저축하고 아끼며 살 줄 알았다. 그때나 지금이나 월급은 적고 물가는 높았다. 가스, 전기, 생필품, 식료품 등 살아 숨 쉬는 자체가 모두 돈이라는 걸 일찍 깨달았다. 그렇지만 여전히 버는 대로 급하게 돈을 썼다. 월급날이 오기 전까지 궁핍한 생활을 이어갔다. 아주 가끔은 저축하기도 했고 적금도 들었다. 돈 쓰기 좋아하는 나에게 적금 만기 기간은 길고 해약은 쉬웠다. 아빠의 말대로 하루만 살 것 같이 생활비를 썼다. 적금을 들고 해약하기를 반복했다. 다른 사회 초년생들도 나와 비슷할 거라고 위안 삼으며 지냈다.

그렇게 몇 년의 시간이 흘렀다. 이른 나이에 남편을 만나 가정을 이루었다. 첫 아이를 낳기 2주 전까지 회사에 다녔다. 아이를 낳고부터 남편 혼자 생활비를 벌었다. 남편이 사업을 막 시작한 시기라 수입은 들쑥날쑥했다. 여윳돈이 생길 때마다 조금씩 저축하는 습관을 길렀다. 계획대로 살아지지 않는 게 인생이다. 저축해 놓은 돈은 꼭 쓸 곳이 생겼다. 남편의 사업은 조금씩 자리 잡아갔다. 나는 아이들을 키우고 열심히 가정을 돌보는 것이 할 수 있는 최선의 일이라고 생각했다. 집안일 중 요리를 가장 좋아했던 나는 기본 밑반찬들부터 총각김치, 오이소박이, 파김치, 동치미, 장아찌 등 음식 만들기를 즐겼다. 김밥을 유난히 좋아하는 남편 덕분에 김밥 열 줄을 만들기 위한 준비와 정리까지 한 시간이면 충분했다. 아이가 태어나고는 이유식 만들기에 재미를 붙였다. 재료 하나하나 갈고 다지며 아무 간 없이 재료 본연의 맛으로 만들기에 더욱 수월했다. 이유식을 먹지 않던 아기들도 내가 만든 이유식은 그릇 바닥이 보이도록 먹었다. 조리원에서 만난 아기 엄마들은 무엇을 넣고 어떻게 만드는지 내게 물었다. 아기들이 정말 잘 먹는다며 이유식을 팔아보라고 권유했다. 이유식뿐만 아니라 김치를 만들면 지인들과 이웃들은 김치를 팔아보라 했고, 김밥을 먹어보면 김밥 장사를 해보라고 했다. 샌드위치나 계란빵 등 베이커리를 먹어 본 지인들은 파는 거보다 맛있다며 또 만들어 달라고 했다. 그런 말들을 들을 때면 많은 생각이 떠올랐다. '그래, 나는 요리를 잘하니까 만들어서 팔아볼까? 일단 아파트 단지에서부터 시작해 볼까? 그럼 사업자등록을 해야 할 텐데. 아기들이 먹는 음식은 더 조심해야 하는데. 어른들이 먹는 음식으로 해볼까? 내가 만든 음식을 먹고 탈이라도 나면 어쩌지? 맛이 없다고 욕하면 어떡해? 청결하게 해도 실수로 이물질이라도 나오면 어쩌지? 이래서 어쩌지? 저러면 어떡하지?' 해보지도 않고 떠오르는 생각이 많으니 겁이 나 실행으로 옮기지 못했다. 직장 생활을 한 지는 오랜 시간이 흘렀고 혼자서 무언가 한다는 건 덜컥 겁부터 났다. '돈은 무슨 돈이야! 애들이 어려서 안 돼. 애들이나 잘 키우자.' 스스로 합리화 하며 어떤 일이든 항상 시도조차 해보지 않고 생각만으로 끝났다.

아이들을 키우고 남편 내조를 하며 시간을 보냈다. 아이들이 커가며 조금씩 내 시간이 생겨 여유로워졌다. 나는 어릴 때부터 자유롭게 무언가 만드는 걸 좋아했다. 그동안 가족들을 챙기며 좋아하고 잘하던 걸 잊고 지냈다는 생각이 들었다. 그런 생각이 들 때쯤 문화센터에서 미니어처 강사 자격증 프로그램을 보고 신청하게 되었다. 처음엔 무언가 시작한다는 게 그저 즐거웠다. 손으로 사부작거리기 좋아하는 내게 미니어처는 새로운 재미였다. 강사 자격증 2급, 1급을 연이어 취득했다. 미술 공모전에 낸 첫 작품이 실력을 인정받아 상을 탔다. 취미로만 미니어처를 하던 중 '아이디어스'라는 수공예 플랫폼을 알게 되었다. 나도 가끔 아이디어스를 이용해 수공예 생활용품을 구매한 적이 있는 게 기억났다. 관심을 가지고 자세히 보니 미니어처 작가들도 많이 입점하여 여러 수공예용품을 판매하고 있었다. 문득 나도 입점하여 판매해야겠다는 생각이 들었다. 그동안 생각만 하고 시도하지 못했다면 이번에는 자신감을 가지고 도전하고 싶었다. 예전처럼 많은 생각으로 고민하고 겁부터 내는 대신 아이디어스 입점 방법을 적극적으로 알아보았다. 아는 작가를 통한 추천 방식의 입점, 인스타나 블로그를 보고 아이디어스에서 입점 권유, 아이디어스에 포트폴리오를 제출하고 심사 후 통과하면 입점. 세 가지 방법 중 나에게는 포트폴리오를 직접 제출하고 심사 후 입점하는 방법만이 있었다. 포트폴리오 제출을 위해 미니어처 판매품을 만들었다. 처음으로 내가 만든 물건에 가격을 정하고 야외에서 사진도 예쁘게 찍었다. 판매품에 설명을 붙여 정성스럽게 포트폴리오를 만들어 제출했다.

첫 번째 심사는 탈락했다. 아이디어스는 포트폴리오를 수정해서 재신청할 수 있도록 심사 기준과 탈락 이유를 메일로 알려준다. 몇 번을 탈락해도 계속 입점 심사를 신청할 수 있다. 나의 탈락 이유는 사진 품질과 판매품 내용 설명 부족이었다. 탈락했지만 내 작품에는 문제가 없다고 생각했기에 괜찮았다. 사진을 더욱 정성껏 찍고 작품 설명도 자세히 보완해 바로 재심사를 신청했다. 두 번째 입점 심사 신청 결과는 통과였다. 심사 통과 후 아이디어스 입점하기 위한 서류 준비를 시작했다. 생각해 두었던 '미니라잇(mini right)'으로 브랜드명을 정하고 국세청 홈택스를 통해 사업자를 등록했다. 온라인 판매를 위해 꼭 필요한 통신판매업 신고를 정부24에서 신청했다. 모두 온라인에서 편하고 쉽게 신청할 수 있었다. 판매 후 정산 금액이 입금될 사업자명 통장도 잊지 않고 만들었다. 서류를 제출하고 얼마 후 아이디어스에 입점해 내 손으로 만든 미니어처를 판매할 수 있었다. 고객 응대법, 매출 늘리는 방법, 판매 잘 되는 글 쓰는 방법 등 교육들도 잊지 않고 들었다. 작품 제작만이 아닌 판매를 늘리기 위해서 꾸준히 공부했다.

아이디어스 입점 후 사람들이 내 작품을 돈 주고 산다는 사실에 큰 기쁨을 느꼈다. 판매가 많이 되는 건 아니었지만 자신감을 얻었다. 나의 수공예품을 구매하고 "예쁘다, 귀엽다, 마음에 든다, 예쁜 선물을 할 수 있게 해줘 고맙다." 좋은 후기들이 올라오기 시작했다. 조금씩 판매 수익도 늘었다. 내가 노력한다면 더욱 많은 사람에게 내 작품을 알려줄 수 있을 것 같다는 생각이 들었다.

생각으로만 끝나지 않기 위해 스마트스토어와 쿠팡에도 입점했다. 인스타와 블로그도 시작하며 내가 만든 작품들을 알렸다. 지금은 아이디어스 외 스마트스토어와 쿠팡에서도 함께 주문이 들어오고 있다. 인스타를 보고 주문 의뢰가 들어온다. 블로그에서 글과 사진을 보고 고객이 직접 연락하기도 한다. 앞으로도 성장을 위해 더욱 노력해야 하는 건 분명한 사실이다. 하지만 예전처럼 생각만 하다 포기했다면 이렇게 판매를 이루며 수익까지 이어지지 못했을 것이다.

주부로만 생활하며 집안일을 하고 아이들 돌보는 것이 최선인 줄 알았다. 이제야 나는 나의 능력, 내 노력만으로 돈을 벌고 있다. 어려서부터 돈 쓰는 재주만 있는 줄 알았다. 돈 쓰는 재주도, 돈 버는 재주도 모두 자기 하기 나름이 아닐까? 이제는 돈 버는 재주를 부려 봐야겠다.

## 미니어처? 그거 해서 뭐해?
## 대중적인 미니어처 도전

미니어처를 시작하며 처음부터 판매를 생각한 건 아니었다. 미술 공모전 공예 부문에서 미니어처 창작품으로 두 번 상을 탔다. "취미야? 돈이 안 되잖아." 미니어처를 하는 내게 지인은 말했다. 다른 이들이 보기엔 돈도 되지 않는 자기만족의 취미생활이었다. '행동하는 모든 일이 소득으로 연결되어야만 가치 있는 것인가? 그냥 좋아서 하면 안 되는 거야?' 선뜻 말하진 못했다. 나조차도 '취미로 수입이 생긴다면 얼마나 좋을까?'라고 생각했다. 미니어처가 좋아 함께 배운 수강생들은 자격증 취득 후 대부분 학교, 여러 배움 센터에서 강사 활동을 시작했다. 미니어처 강의는 강사가 아이들 연령대에 맞춰 전문가용 점토로 토핑을 만드는 것부터 시작한다. 작품에 따라 나무를 재단, 조립하기도 한다. 조색한 점토, 물감, 팔레트, 파스텔, 접착을 위한 목공 풀, 이쑤시개, 만들기 도구 등 소소하게 챙겨야 할 게 많다. 또 매우 작은 재료들을 각각 체크하며 개별 포장하기에 준비 시간이 길게 소요된다. 준비했다고 모두 강의를 나갈 수 있는 건 아니다. 이력서와 포트폴리오, 샘플을 제작하고 상황에 따라 재료비를 낮게 책정하며 강사 자리를 얻는 경쟁도 해야 한다. 강의를 하면 수강생들을 관리하고 작품 구상, 재료 준비 등 해야 할 일들이 많다. 나는 엄마로서 두 아이를 돌보며 건강을 회복 중이라 강사 일을 하기엔 어려움이 있을 거로 생각되었다.

손으로 꼬물거리며 모든 사물을 작게 만드는 것이 좋아 시작한 미니어처였다. 작업하는 순간이 재미있고 행복했다. 즐거운 에너지를 쏟으며 수입으로 연결될 방법을 찾고 싶었다. 동시에 아이들을 돌보기에도 크게 구애받지 않았으면 했다. 독립적인 작업 환경에서 내가 가진 열정을 자유롭게 표현하고 싶었다. 강의보단 미니어처를 제작, 판매하는 것이 내게 적합하다고 느껴졌다. 결정하고 나니 예쁜 소품으로 끝나지 않고 쓸모 있게 사용할 수 있는 미니어처를 만들고 싶었다. 식당이나 카페, 꽃집, 서점 등 여러 가게의 주메뉴와 판매 품목을 미니어처로 제작하였다. 명함을 거치할 수 있도록 만들어 활용도를 높였다. 명함 거치용 미니어처 제작은 다른 작가들도 판매하고 있었기에 차별화가 필요했다. 틈틈이 배우고 연습한 캘리그래피로 상호를 직접 쓰고 우드에 레이저 각인하는 특별함을 보였다. 일반적으로 사용하는 폰트가 아니라 한 글자 한 글자 정성스럽게 적었기에 고객들은 더욱 만족했다. 가게의 판매 품목을 똑같이 만든 미니어처, 멋스러운 상호 각인, 명함을 꽂을 수 있는 활용도까지 갖춰지니 주문이 점점 늘기 시작했다. 주문이 늘고 즐겁게 만들면서 새롭게 판매할 작품을 구상했다. 구매하는 고객들에게 조금 더 친근한 미니어처를 만들고 싶었다. 위로와 감동을 줄 수 있다면 더욱 의미 있는 일이 될 듯했다. 그러던 중 돌아가신 아빠가 계신 납골당에서 보았던 용품들이 떠올랐다. 고인이 생전에 좋아한 음식이나 소품을 조그맣게 제작해 유골함과 함께 놓아드리는 추모 미니어처였다.

나는 하고 싶은 것이 있으면 경험한 후 나만의 방식으로 만들어 보는 것을 좋아한다. 납골당 미니어처도 강사 자격증 발급 기관에서 제작 과정을 먼저 접해보았다. 이후 내 스타일로 재료나 제작 방법 등을 수정하기 시작했다. 추모 미니어처 역시 나보다 빨리 시작한 작가들이 있었기에 내 브랜드만의 독창성이 필요했다. 추모 음식 실물과 최대한 똑같은 모습으로 만들기 위해 정교함에 집중했다. 떡 표면에 고슬고슬한 콩가루를 표현하고 노릇한 반죽옷을 입은 모둠전을 만들었다. 덩어리로 올리던 나물들을 점토로 한 가닥씩 밀어 제작했다. 미니어처 음식은 색감에서 품질이 좌우된다. 자연스러운 음식 색상을 내기 위해 여러 색을 조합해 써 보길 반복했다. 사물을 자세히 보는 섬세함과 꾸준히 연습하는 노력이 더해졌다. 음식 표현에 어느 정도 자신감이 생겼다. 음식이 올라가는 상을 직접 만들고 모두 사용하는 목기 제기 외에 유기 제기를 추가했다. 유기 제기 역시 더 고급스러운 골드 색을 찾기 위해 노력했다. 다른 작가들과 다른 내 작품만의 특별함을 보여주고 싶었다. 고객들에게 고인의 사진을 받아 축소한 후 인쇄했다. 목재를 작게 재단해 만든 액자에 사진을 넣었다. 영정사진 액자 옆에는 위패를 놓았다. 위패를 놓는 미니어처 작가들 대부분은 종이로 인쇄한 문구를 붙이는 방법을 사용했다. 차별화를 두고 싶던 나는 1cm*2cm (가로*세로) 크기의 작은 목재를 재단해 수성스테인으로 색을 칠했다. 색을 입힌 조그만 위패에 고객이 원하는 문구를 캘리그래피로 레이저 각인했다. 몇 번의 손이 가는 까다로운 작업이다. 그럼에도 고인에게 남기고 싶은 말을 정성껏 담아 전하고 싶었다.

보기에는 전부 같아 보이는 추모 미니어처라고 느낄 수 있지만 각각 다른 한 사람만을 위한 하나뿐인 작품이다. 누군가에게 선물할 때 우리는 받는 이를 생각하며 고른다. 돌아가신 분을 떠올리며 고르고 고른 마음을 알고 있기에 더욱 공들여 제작하려 애쓴다. 모든 수공예품은 작가가 시간과 노력을 쏟는 정성이 더해질수록 멋진 작품이 나온다. 모두 수작업으로 손이 많이 가지만 창작자로서 나만의 스타일을 고수했다. 그러자 고객들이 내 작품을 알아봐 주고 주문도 조금씩 늘었다. 고객들은 가족에게, 지인에게 잘 놓아드렸다는 후기를 남기기도 하고 따로 연락을 주기도 한다. 그런 글들을 보면 한 사람만을 위한 나의 정성이 전달된 거 같아 감사한 마음이 든다.

　미니어처 작가는 조금 생소한 직업일 수 있다. 미니어처 제작, 판매 외에 스토리가 있는 공간을 작게 만들어 추억을 떠올리게 하는 작가들도 있다. 관공서나 아파트 모델하우스 등을 제작하기도 한다. 또는 동화책 내용을 담아 미니어처 소품을 만들 수도 있다. 나 역시 직접 만든 미니어처를 배경으로 동화책을 만들고 싶은 꿈을 가지고 있다. 배우고 싶어 하는 이들에게 강의를 할 수 있고 요즘엔 유튜브, 온라인 클래스까지 가능하다. 때에 따라 재능기부를 하며 이타적 행동으로 인정받기도 한다. 나는 원하던 대로 누군가에게 위안을 주는 가치 있는 미니어처를 제작하고 있다. 내 손끝으로 만든 미니어처로 소중한 사람을 떠나보낸 이들을 위로 할 수 있다는 것에 큰 보람을 느낀다. 나에게 맞는 방법으로 수익 창출도 이루었다. 앞으로도 미니어처 작가로서 할 수 있는 많은 일들에 하나씩 차근차근 도전해 볼 생각이다. 미니어처를 만들어 뭐 할 건지 물음표를 던진 사람들에게 내가 지금 하는 이야기와 일들이 대답이 되었을 것이라고 믿는다.

# 실수를 해야 제대로 배운다

살다 보면 각자의 인생에 여러 사건이 생기기 마련이다. 사건들 안에는 또 크고 작은 실수들이 있을 수 있다. 사건이 생기고 그 사건을 해결할 시간이 있다는 건 참 다행스럽다.

오랜 경력 단절 후 두 번째 커리어에 도전 한 건 내 인생 하나의 사건이었다. 사업자등록을 하고 미니어처 제작, 판매를 시작했다. 예상보다 판매는 저조했다. 정교함에 차별화를 두기 위해 오랜 시간 노력하며 준비한 추모 미니어처는 몇 달 동안 한 개도 판매되지 않았다. 긴 시간 기다림 끝에 들어 온 첫 주문은 제작 기간이 촉박했다. 추모 미니어처 차례상은 조물조물 만진 점토를 이용해 음식을 만든다. 교자상 다리를 재단해 붙이고 색칠한다. 나무 조각들을 잘라 사진 액자와 위패를 만든다. 점토로 작업한 음식들에 색을 입히고 제기에 붙인다. 음식이 올라간 제기를 하나하나 상에 접착 후 건조한다. 모든 게 수작업으로 이루어지는 미니어처의 제작 기간은 최소 2주 정도 소요된다.

일주일 후 다가오는 어머니 49재에 차례상을 놓아드리고 싶다며 고객에게 전화가 왔다. 첫 주문을 놓치고 싶지 않았기에 가능하다고 했다. 택배 배송일 2일을 제외하고 5일 동안 잠을 쪼개가며 제작했다. 최선을 다해 시간 맞춰 만들고 꼼꼼히 포장하여 택배를 보냈다. 뿌듯한 마음이 들 때쯤 고객에게서 사진 몇 장이 왔다. 제기에 붙인 음식들이 분리된 사진이었다. 교자상 다리는 파손되어 뒹굴고 있었다. '급히 만들어 건조시간이 짧아서였을까? 포장을 제대로 하지 못했나? 받은 고객은 얼마나 언짢았을까?' 어떤 이유든지 변명의 여지는 없었다. 여러 생각이 들었지만 당황한 그 순간은 머릿속이 하얗게 될 뿐이었다. 죄송한 마음에 통화 내내 나는 안절부절못했다.

시간이 있다면 며칠 밤을 새워서라도 다시 만들어 보내드리고 싶었다. 49재 당일이었기에 그럴 시간이 없었다. 작은 미니어처는 충격에 약하다. 배송 중 혹시 모를 내용물 탈락에 대비해 접착제를 동봉해 보낸다. 고객은 분리된 모두를 직접 붙이겠다고 했다. 죄송한 마음에 몇 시간 후 연락을 드렸더니 "잘 붙여 어머니께 놓아드렸어요. 박스에 취급 주의, 파손 주의 스티커를 붙여요. 그래야 조심하죠." 신경 쓰지 못한 부분을 고객이 알려주어 고마운 마음이었다. 한편으론 부끄러웠다.

열심히 준비한다고 했지만 미흡한 부분이 있었다. 제작만 잘한다고 전부가 아니었다. 돌아가신 분께 드리는 선물이라 더 마음을 담아 제작한다. 배송 중 파손되어 간다면 그런 내 마음은 아무 소용이 없게 된다. 한 분만을 위한 나의 정성이 전해지기도 전에 묻힐 수 있다는 걸 깨달았다. 첫 주문에 배송 실수를 하고 나니 다음에도 같은 일이 생길까 걱정되었다. 꼼꼼히 포장해도 배송 중에 파손되는 건 아닐까 불안했다. 처음부터 실수가 없었다면 좋았겠지만, 실수하며 미흡했던 점을 알게되었다. 실수를 너그럽게 이해해준 고객 덕분에 주눅 들지 않고 놓친 부분을 보완할 수 있었다. 완충재를 이용해 내용물의 움직임이 없도록 더욱 빈틈없이 포장했다. 배송 박스에는 파손, 취급 주의 스티커를 부착했다. 박스 4면에는 '파손주의' 글자를 적었다. 이후로는 단 한 번도 배송으로 인한 파손은 일어나지 않았다. 추모 미니어처 첫 고객은 배송 중 파손 사고가 있었음에도 어머니를 위한 생일상 미니어처를 바로 재주문했다. 한 분만을 위해 정성껏 제작하는 내 마음이 전달된 거 같아 뿌듯했다. 고객은 두 번째 주문 제품은 아무 사고 없이 잘 도착했다며 문자를 남겨주었다.

사랑하는 사람을 떠나보내는 것은 누구든 힘들고, 괴로운 일이다. 개인의 일을 이야기하며 주문할 때는 더욱 마음이 가는 경우도 있다. 그럴 때는 조금 까다로운 주문 제작도 모두 고객이 원하는 대로 작업하려 한다. 23가지의 음식 메뉴를 보내며 주문 가능한지 문의 전화가 왔다. 전부 가능하다고 했다. 고객은 메뉴를 다시 정해 연락한다며 문자를 남겼다. 며칠 후 몇 장의 사진과 60가지가 넘는 음식 메뉴를 보내왔다. 전부 제작할 수 있다고 했다. 정해진 상 크기가 있으니 그 상에 음식 모두를 올리려면 조금씩 나눠 올려야 한다고 말했다. 고객은 동의했고, 나는 60가지 음식에 맞춰 올릴 그릇들 자리를 정하고 상 크기를 알려주었다. 크기를 가늠할 수 있도록 손바닥과 함께 찍은 사진을 보냈다. 상이 크다고 했다. 나는 고객이 원하는 상 크기에 음식을 전부 놓을 수 없으니 가짓수를 조금 줄일 수 있는지 물었다. 좋아하던 음식이라 줄일 수 없다고 했다. 며칠 후 메뉴를 다시 정했다며 25가지의 음식을 보내왔다. 전부 만들 수 있다고 했다. 하나, 두 개씩 메뉴가 추가되었다. 더 이상 메뉴 추가는 어렵다고 했더니 변경하기 시작했다. 계속되는 추가, 변경을 수용하고 다시 상 크기를 알려주었다. 비싸다고 했다. 10% 할인해 주었다. 고객은 돈이 없다며 절반 금액만 입금하고, 나머지는 제작 후에 주겠다고 말했다. 그러곤 납골당 크기를 알아야 한다며 또다시 몇 번의 연락이 오고 갔다. 결국 주문은 이루어지지 않았다. 잊을만하면 걸려 오는 전화와 같은 내용의 반복되는 문자 상담으로 나는 한동안 제대로 일하지 못했다. 미니어처를 만드는 순간에도 고객에게 내 작품이 작은 위로가 되길 바란다. 항상 고객의 입장을 헤아리며 상담하려 노력했다. 그러나 무조건 고객에게 끌려가는 것은 친절이 아니라는 걸 깨달았다.

작품 제작은 소신껏 하면서 판매 정책을 정하는 일에는 서툴렀다. 개인 사정 이야기를 듣고 마음이 쓰이면 몇 시간씩 만든 미니어처를 서비스로 주고 할인도 해주었다. "마음 간다고 서비스를 더 주거나 제작 비용을 할인하면 안 돼요. 엄마가 하는 일이 돌아가신 분들 추모용품 제작하는 일인데 그럴 때마다 할인해주고 몇 시간씩 만든 거 서비스 주면 어떡해요? 더 실감나게 만들기 위해 매일 저녁 늦게까지 반복해서 만들었잖아요. 엄마 노동의 가치를 떨어뜨리지 말아요. 마음 쓰이면 그만큼 더 정성껏 만들면 되는 거예요." 우리 아이가 내게 한 말이다. 나는 내 브랜드의 판매 기준도 세우지 못하면서 감성에 젖어 마음만 앞설 때가 많았다. 힘들었던 고객을 겪고 나니 상담할 때 더욱 신중해졌다. 친절이라는 이름으로 고객에게 끌려가는 상담은 끝내야 했다. 같은 실수를 한다면 고객도 나도 힘들어질 뿐이라는 걸 깨달았다. 상 크기에 맞춰 음식은 몇 가지가 올라가는지, 입금 후 주문이 완료되면 추가와 변경이 어렵다는 등 판매할 때 필요한 세세한 내용들을 공지했다. 이전보다 상담이 수월해짐을 느꼈다. 마음이 쓰인다고 고객이 모르는 할인은 더 이상 하지 않았다. 몇 시간씩 제작한 미니어처를 서비스로 보내는 일도 그만두었다. 그 대신 선물하는 가족의 마음으로 성심껏 제작했다. 미니어처는 손길이 가면 갈수록 더욱 예쁘게 만들어진다. 몇 번씩 손길을 더하는 정성을 쏟았다.

추모 미니어처 제작은 내가 즐겁고 재미있게 할 수 있는 일이라 시작했다. 동시에 구매하는 고객들에게 조금이라도 위안이 되었으면 좋겠다는 바람이 있었다. 대부분 사람은 자신이 하는 일이 다른 이들에게 도움이 되는 순간 보람을 느낀다. 나 역시 그랬다. 보탬이 되는 기쁨을 느끼기 위해 더욱 애쓴다. 어떠한 일이든 처음부터 실수 없이 완벽하긴 어렵다. 다만 실수를 반복해서는 안 된다. 미흡한 점을 찾아내어 보완하고 수정하면 된다. 깨닫고 고칠 수 있어야 한다. 좋은 방향으로 성장하기 위한 실수라면 그만한 가치가 있을 거로 생각한다.

# 완벽주의자 미니어처 작가

　나는 오늘도 내가 가진 빈틈 사이로 완벽을 꿈꾼다. 우리는 누구나 완벽하기를 꿈꾸는 순간이 있다. 끊임없이 생각을 실현하고 도전할수록 완벽에선 멀어진다. 아무 일도 실행하지 않는 사람들은 자신은 완벽하다고 말한다. 마치 한 번도 싸워보지 않았으면서 자기를 이길 자는 없다는 말 같다. 이런 사람들은 아무것도 하지 않으면서, 완벽하진 않지만 실행하고 끊임없이 도전하는 이들을 비난한다.

　일에 관련해서는 완벽을 꿈꾸지만 늘 허점과 빈틈이 보일 때가 많다. "내가 그렇지 뭐" 혹은 "역시 쉬운 건 하나도 없어."라는 말을 늘 입 밖으로 꺼냈다. 실감 나는 미니어처 음식 제작을 위해 매일매일 색을 섞어 점토에 색칠하기를 반복했다. 그러면서 나는 늘 완벽하지 못하다

자책했다. '한 번에 완벽하게 색이 나온다면 얼마나 좋을까? 처음 만든 점토의 모양이 예쁘다면 두, 세 번씩 하지 않아도 될 텐데.' 내가 느끼는 나는 항상 부족했다. 소셜 미디어에는 무엇이든지 뚝딱 만드는 재주 많은 사람이 넘쳐난다. 그들이 자신의 성장을 위해 오랜 시간 공들인 사실을 알면서도, 눈에 보이는 결과만 닮고 싶었다. 완벽하기 위해선 생각이 많아진다. 생각이 많아지니 선뜻 무엇을 시작하기가 더 어려워졌다. 시작해도 완벽하게 하지 못하면 다시 도전하지 못하고 끝내기를 반복했다. 고객 상담하는 일, 제작하는 일, 홍보를 위한 일 모두 때로는 완벽해야 한다는 부담감이 먼저 앞선다. 모든 일에 대해 완벽하기를 집착하며 선뜻 시작하지 못하는 "게으른 완벽주의자"다. "못해서 하지 않는 게 아니야, 내가 그 일을 시작하면 완벽하게 하기 위해 온 힘을 쏟을 걸 알고 있어. 그로 인해 내가 얼마나 힘들 줄 알기 때문에 못하는 거야." 시작하지 못한 일을 두고 변명할 때 많이 하는 말이다.

완벽해지려는 성향이 때로는 옳을 수도 있다. 완벽 성향은 예민함에서 나온다고 생각한다. 예민하고 섬세해서 남들이 보지 못하는 부분을 주의 깊게 관찰한다. 그리하여 다른 이들이 놓친 부분을 보완하고 완벽해지기 위해 노력할 수 있다. 미니어처 제작을 하며 기다리고 있을 고객을 생각하면 어느 것 하나 허투루 만들 수 없다. 미리 만들어 놓으면 주문한 고객만을 위한 작품이 아니라는 생각에 꼭 주문이 들어오면 제작을 시작한다. 제작 후 건조할 때도 먼지가 붙지 않도록 케이스에 넣어 보관한다. 각인하는 캘리그래피 글자가 마음에 들지 않으면 열 번이든, 스무 번이든 마음에 들 때까지 쓰기를 반복한다. 완성되면 미니어처 작품 사진과 파손되지 않도록 꼼꼼히 포장한 모습을 사진 찍어 고객에게 발송한다. 주문, 제작, 발송까지 완벽해지려는 모습에 고객들은 만족해 주었다. 무엇을 제작하고 판매하는 입장에서 완벽함이란 중요하다. 한 명의 고객 뒤에는 열 명의 잠재 된 고객이 있다고 한다. 서투른 행동이나 실수로 고객은 만족하지 못할 수 있다. 혼자 하는 일이기에 1인 기업가로서 더욱 완벽해지려는 이유다.

나는 자주 생각했다. '오늘 무엇을 했지?' 내게 생산적인 일을 하지 않은 날에는 완벽하게 보낸 날이 아니라는 생각이 들었다. 배움이나 혹은 일에 관한 행동을 하루라도 하지 않으면 불안했다. 그런 내게 남편은 말했다. "밥 먹었어? 먹고 사는 일이 얼마나 중요한데 밥 먹었으면 오늘 할 일은 한 거지. 나머지는 내일 해." 나만의 일을 시작하며 남편의 이야기는 어느 날부터 조금 다르게 다가왔다. '그래. 나는 오늘 아이들을 돌보며 청소했고, 밥을 먹었고 빨래를 했지.' 사소하지만 꼭 필요한 일들을 했다는 생각이 들기 시작했다. 하루를 무의미하게 보냈다는 생각을 바꿀 수 있었다. 주문 들어온 일을 조금 하는 날에는 '와! 오늘은 정말 많은 걸 했네.' 하며 여유로운 마음을 가지게 되었다. 쉬운 건 하나도 없어 불평하던 말들도 "한 번에 되면 재미없지, 쉬운 건 내 방식이 아니야."라며 바꿔 말했다. 몇 번씩 실패해도 그만큼 실력이 늘고 있다 생각하니 흐뭇했다. 완벽하기 위해선 자신과의 조율이 필요하다. 완벽하지 않으면 실패라는 두려움을 버릴 필요가 있다. 우리는 모두 완벽할 수 없는 사람이다. 그러므로 내가 원하는 방향으로 성장하기 위해 큰 노력을 하게 된다. 원하는 꿈을 실현하기 위해 계속 행동한다. 그 노력하는 행동들에서 빈틈이 보이고 실수가 생긴다. 실패와 좌절도 경험하게 된다. 완벽할 순 없지만 이런 행동들과 경험으로 우린 더욱 많을 걸 배울 수 있다.

# 배움에 대한 끊임없는 열정이 나를 만든다

어린 시절 손으로 만드는 건 무엇이든 좋아했다. 요즘 아이들이 슬라임을 좋아하듯, 점토를 조물조물하기 좋아하는 평범한 어린아이였다. 감수성이 풍부한 사춘기 무렵 다이어리를 꾸미고 매일 일기를 쓰고, 시 쓰기를 즐겼다. '나는 글 쓰는 걸 좋아하나?' 막연히 글 쓰는 작가가 되고 싶은 마음도 있었다. 내겐 특별히 잘하는 게 없는 거 같았다. 무엇이 하고 싶은지 생각할 겨를도 없이 생계를 위해 직장생활을 시작했다. 결혼하고 아이를 낳으며 직장을 그만두었다. 첫 아이가 태어나기 전 아이의 옷, 이불, 베개, 모빌 등을 모두 바느질로 만들었다. 아이가 태어나서는 펠트지를 이용해 감각 놀이책, 퍼즐, 애착 인형, 공 등 장난감을 만들어 주었다. 스티로폼, 우드록, 박스 등을 이용해 나만의 싱크대 주방 놀이를 제작해 아이에게 선물했다. 아이를 돌보면서 바느질, 미싱, 펠트 공예, 아동미술 등 여러 분야에 흥미를 느끼고 배우기를 즐겼다. 한 가지를 오래 하는 끈기는 부족했지만, 끊임없이 배웠다. 그러던 중 미니어처 제작을 접하게 되었다. 미니어처 작업은 내가 만들고 싶은 모든 사물을 작게 만들 수 있어 큰 재미를 느꼈다. 집, 가구, 인형, 음식, 소품들을 자유롭게 만들어 내가 주인이 되는 공간이다. 틈틈이 배운 분야들을 여러 가지로 응용하기도 좋았다. 아이와 함께 미술학원에 다니며 배운 그림으로 미니캔버스를 꾸몄다. 바느질로 쿠션을 만들고, 미니어처 집 벽에 화분을 예쁘게 걸고 싶어 끈으로 매듭을 엮는 마크라메를 배웠다. 새로운 걸 배우고 미니어처에 접목하는 과정은 항상 흥미로웠다. 미니어처는 레진을 많이 사용하기에 레진 공예를 배워 작은 명함꽂이에 레진 아트를 추가했다.

판매를 시작하면서 내 작품을 더욱 멋지게 찍고 싶어 DSLR 카메라 배우는 수업을 들었다. 사진을 잘 찍는 방법 외에도 많은 것을 경험했다. 사람들과 어울려 야외로 출사 다니며 자연을 보고 마음이 평온해지는 소중한 시간을 얻었다. 출사 다니며 찍은 사진으로 단체 사진전에 참여하는 새로운 경험까지 할 수 있었다.

내 작품을 구매한 고객들에게 감사함을 색다르게 표현하고 싶었다. 그런 마음으로 배운 캘리그래피도 여러모로 많은 도움이 되었다. 엽서에 캘리그래피로 따뜻한 글귀를 적어 고객들에게 고마운 마음을 전했다. 내가 찍은 예쁜 풍경에 직접 쓴 캘리그래피를 합성시켜 사진 작품을 만들었다. 캘리그래피 문구용품들을 미니어처로 만들어 명함꽂이를 제작했다. 수공예뿐 아니라 새로운 분야에도 도전해 보았다. 도서관에서 진행한 자기 성장 글쓰기 프로그램에 참여했다. 나에 대해 글로 표현하는 수업에 대단한 매력을 느꼈다. 글을 쓰며 나의 내면을 알아가고 성장할 수 있는 계기가 되었다. 처음으로 시작한 글쓰기에 이어 블로그 글쓰기 수업을 신청했다. 연이어 블로그 1일 1 포스팅 프로젝트에 참가했다. 같은 동기를 가진 사람들과 함께하며 성장하는 좋은 기회를 가졌다. 글쓰기 수업을 통해 '해야지.' 생각만 하던 블로그를 시작했다. 더 많은 사람에게 미니라잇 브랜드와 내 작품을 알릴 수 있었다. 내가 일하는 수공예와는 전혀 다른 분야라고 생각하며 도전한 글쓰기 수업이었다. 수업을 시작할 때 미니어처 공예 작가로서 1인 기업 이야기를 책으로 쓰게 될 줄 상상도 하지 못했다. 때에 따라 전혀 상관없으리라 생각했던 분야가 나의 일과 새롭게 연결된다. 그 연결로 인해 생각하지 못했던 일들을 현실화할 수 있다. 무언가를 배우면 처음에는 잘하고 싶은 욕심이 앞섰다. 어떤 분야의 전문가가 되려면 1만 시간의 훈련이 필요하다고 한다. 나를 가르쳐주는 선생님이 그 분야를 지도하기까지 얼마나 노력했을지 보지 않았어도 알 수 있다. 노력했던 시간을 따라갈 수 없는데 흉내 내기에 급급했다. 어떤 분야든 욕심 가질 필요 없이 하루 10분이든, 1시간이든 꾸준히 하다 보면 실력은 늘게 되어있다. 게으름의 대가는 있지만 노력한 시간은 절대 배신하지 않는다. 여러 가지를 배우다 보면 어느 때에는 뛰어난 게 없는 것처럼 느껴질 수 있다. '이도 저도 아닌 평범한 실력이면 어쩌지.' 걱정하는 마음도 생긴다. 계속 무언가 하다 보면 좋아하는 일을 알게 될 테고 언젠가 그 일을 능숙하게 할 수 있는 날이 올 거라고 생각했다.

　나는 요즘 라탄 공예를 배우고 있다. 여러 소품을 미니어처로 제작하기 위해 온라인으로 배우고 연습한다. 다양한 미니어처를 만들기 위해서 점토 역시 꾸준히 연구하고 연습하기를 반복한다. 한문 서예와 한글 서예를 배우며 미니어처 작가이면서 한석봉을 꿈꾸기도 한다. 미니어처 작가가 왜 서예를 하고 사진을 배우고 글을 쓰는지 궁금할 수 있다. 나 역시 미니어처 외에 다른 분야에 시간을 쪼개 배우면서 잘하고 있는 건지 의문이 들 때도 있었다. 어느 때는 하는 모든 것이 의미 없게 느껴지기도 했다. 전혀 상관없는 분야들을 배우는 것 같았지만 내 일과 연결되는 순간이 온다. 사진 기술은 내 작품이 더욱 돋보이게 찍는 방법을 알려주었다. 글쓰기 배움 역시 블로그에 내 작품 소개를 수월하게 할 수 있도록 도와주고 있다. 내가 찍은 사진과 글을 보고 블로그를 통해 미니어처 강의 제의도 들어온다. 그냥 흘려보내는 시간은 없다. 새로운 경험을 통해 내가 만들어지고 배우는 시간에 나는 나아가고 있다. 새롭게 배우는 모든 것이 언제가 나에게 쓸모 있게 다가올 거라고 믿는다. 또한 앞으로 경험하게 될 끊임없는 배움이 나의 분야에 어떻게 적용되고 흥미로운 일을 가져다줄지 기대하게 된다.

　무엇이 되고 싶은지, 모든 것이 되고 싶은지 중요하지 않다. 나는 그저 나의 꿈에 꽃을 피우고 열매를 맺기 위해 배움이라는 거름을 줄 것이다. 새로운 분야는 늘 설렌다. 열정을 쏟은 배움과 도전은 나의 존재 가치를 깨닫게 해준다. 내가 항상 초보자가 되기를 즐기는 이유다.

# 좋아하는 일이 잘하는 일이 되기까지

좋아하는 일이 더 좋아지고 잘하게 되는 순간은 그 일로 인해 돈을 벌게 되는 순간이다. 좋아하는 일을 잘하는 일로 만들어 수익을 내기 위해서는 먼저 자신이 좋아하는 걸 찾는 게 중요하다. 좋아하는 일을 해야 힘이 들더라도 포기하지 않고 계속 즐겁게 오래 할 수 있다. 다른 사람들이 보기에 변변찮은 일도 본인이 만족스럽고 수익을 낼 수 있다면 충분하다. 자신이 좋아하는 일이 무엇인지 모르겠다면 다방면으로 배우고 경험해 보길 추천한다. 책을 읽고 글을 쓰는 독서 모임에 가입하기도 하고, 문화센터에서 그림을 그려보기도 했으면 좋겠다. 공예에도 여러 종류가 있는데 라탄 공예, 레진 공예, 유리공예, 미니어처 공예, 가죽공예, 목공예, 비누공예 등 수공예를 배워도 좋다. 컴퓨터에 관련된 프로그램 자격증에 도전하기도 하고 음식, 커피 등 식품에 관한 일을 찾아도 괜찮다. 시도해 볼 일은 무궁무진하다. 요즘엔 온라인으로도 배움의 기회가 많기에 본인이 좋아하는 일을 찾을 수 있는 좋은 방법이 될 것이다. 시작할 때는 빼어나게 잘하지 못해도 좋아하는 일을 찾았다면 꾸준히 시간을 투자하기 마련이다. 그러다 보면 잘하게 되어있다.

　나는 미니어처를 배우며 그저 즐거운 배움으로 끝나지 않길 바랐다. 배움으로 만족하지 않고 수익으로 이어질 수 있는 방법을 찾고 싶었다. 이런 생각들이 있었기에 색감을 연구하고 연습하며 차별화된 정교한 작품을 제작했다. 또한 다른 사람들에게 필요한 납골당 추모 미니어처와 명함꽂이 제작으로 미니어처 작가라는 두 번째 커리어를 가질 수 있었다. 여러 배움을 통해 자신이 좋아하는 일을 찾고 자기화하는 과정이 필요하다. 힘든 시기를 잘 견뎌내고 배움이 진정한 내 것이 되었다면 1인 기업을 시작할 준비가 되었다고 생각한다. 내가 좋아하는 것을 찾아 1인 기업을 시작했다면 자기만의 소신을 가지길 바란다. 잘 알지도 못하면서 하는 의미 없고 불필요한 평가를 들을 이유는 없다. "너는 하지 못할 거다. 1인 기업은 아무나 하는 줄 아느냐? 그런 거 돈 안 된다. 망하면 어쩌려고 그러냐? 직장이나 열심히 다녀라." 시작 전부터 부정적인 말을 늘어놓는 사람들의 말들도 귀담아듣지 말아야 한다. 무엇이든 시도하고 도전해 본 사람들은 혼자만의 도전과 성취가 얼마나 힘들고 외로운지 알고 있다. 그러기에 도전을 격려하고 응원하기 마련이다. 어려움이 있다면 도와주기도 마다하지 않는다.

아무런 활동도, 행동도, 도전도 하지 않는 사람들이 본인이 못하니 남도 하지 못할 것이라는 생각에 안 될 거라고 단정 짓는다. 그리고는 비판만 늘어놓는다. 자기 자신으로 브랜드를 창출해 본 적도 없는 사람이, 그 이상 가치 있는 일을 찾아 하려는 사람에게 던지는 조언은 얼마나 우스운가? 나 역시 미니어처를 시작할 때 "미니어처 해서 뭐해? 돈도 되지 않는 걸 왜 해?" 이런 말을 들었다. 판매를 시작하고도 "다들 먹고살기 힘든데 그런 거 누가 사? 팔리겠어?"라는 이야기를 듣기도 했다. 또 나의 건강을 들먹이며 염려하는 척 "그거 해서 뭐해? 하지 마. 너는 하지 않는 게 좋겠어. 그건 아닌 거 같아."라며 내가 한다는 건 무조건 하지 말라는 사람도 있었다. 열등감만 가지고 남의 고통과 불행에 자신은 위안을 얻으며 우월감을 느끼는 사람. 타인의 성장을 고운 눈으로 바라보지 않는 자존감 바닥의 안타까운 사람. 그런 사람들은 내가 수상을 하거나 힘들게 노력한 나만의 브랜드로 판매를 이루어도 축하의 말도 하지 못한다. 다른 사람의 도전과 성취를 얕보는 사람들의 말들을 다 무시하는 용기가 생긴 후에야 내가 좋아하는 일을 시작했다. 누가 구매하느냐는 말을 들었지만 내가 제작한 미니어처를 좋아해 주는 고객들이 있다. 돈이 안 된다고 했지만, 필요로 하는 고객들에게 팔리고 수익을 내고 있다. 여러 매체를 통해 내 브랜드를 더욱 알리고 있고 여러 가지 배움을 통해 미니어처에 적용하며 새로운 시도도 계획하고 있다. 지금 어떠한 상황에 있어도, 부정적인 말들이 들려도 흔들리지 말고 하고 싶은 일이 있다면 실행하길 바란다.

　나는 공방을 얻지 않고 집의 한 공간을 사용하며 작업을 하고 있다. 1인 기업은 혼자서 시작하기에 작게 시작하면 위험 부담이 적다. 그러기에 여러 가지 시도를 해볼 수 있다. 조금 늦어져도 잘하기 위한 준비이니 조급하게 여기지 말고 한 계단 한 계단 올라간다고 생각했으면 좋겠다. 나 역시 처음부터 미니어처가 팔리기 시작한 건 아니었다. 몇 달 동안 구매자가 없어 이유를 생각해보고 찾아 수정하며 보완하기를 반복했다. 여러 강의를 듣고 판매 글을 올리고 작품에 구성을 바꿔보기도 하는 노력을 하니 고객들이 내 작품을 찾아주었다. 미니어처는 점토로 만든 음식 토핑, 작은 나무 조립 등 모두 손으로 세심히 하는 작업이라 시간이 오래 소요된다. 시간이 오래 소요되지만 작다는 이유로 저렴하게만 생각하는 사람들이 있어 비싸다는 말을 듣기도 한다. 작은 것을 긴 시간 앉아 만들기 때문에 자세는 안 좋아지고 시력도 나빠졌다. 고객의 주문과 똑같이 만들기 위해 노력하는 내 모습은 보지 못했으니 작은 크기만 보고 비싸다고 말할 수 있다고 생각한다. 미니어처 수업 진행에는 연령에 맞춰 재료를 준비한다. 아이들이 재료에 대해 이해하고 활용할 수 있도록 설명하려 애쓴다. 배우는 시선에서 수강료가 비싸다고 느낄 수도 있다. 그렇지만 미니어처 판매와 수업을 위해 공들이는 나의 시간을 생각하지 않는 것 같아 마음이 불편한 건 어쩔 수 없다.

만들기가 좋아 시작한 미니어처가 잘하는 일이 되어 수익을 낼 수 있게 되었다. 남겨진 가족들이 고인에게 선물하는 마음을 알게 더욱 정성 들여 추모 미니어처를 만든다. 늦은 저녁까지 미니어처 작업에 매진하는 내 모습을 모든 사람이 알 수 없다는 걸 안다. 구매한 고객에게 감사의 문구를 적고 싶어 캘리그래피를 배우고 매번 간식을 챙기는 마음을 구매하지 않는 고객들은 모른다. 구매하는 고객들은 내가 수공예로 얼마나 공을 들이고 마음을 담아 작업하는지 알고 또 찾아주기에 그것으로 만족한다. 나의 성장을 위해 여러 방법을 시도하다 보면 어느 순간 소비자가 찾게 되어있다. 작가님의 정성이 느껴진다고 이야기해주고 여태까지 보았던 어떤 미니어처보다 예쁘다고 말해주는 고객들이 있어 더욱 최선을 다하게 된다. 내 재능으로 타인에게 기쁨이 되고 도움이 될 수 있으니 나의 일을 즐겁게 하며 보람됨을 느낀다. 좋아하는 일로 수익을 얻을 수 있으니 더 좋아지고 잘하게 된다.


에디슨은 "천재는 1%의 영감과 99%의 노력으로 이루어진다."는 명언을 남겼다. 사실 에디슨은 "1%의 영감이 없다면 99%의 노력이 있어도 소용없다"는 말을 하고 싶었다고 한다. 99%의 노력보다 1%의 영감의 중요성을 말하고 싶었는데 노력에 중점을 두어 잘못 전해진 이야기였다. 에디슨이 중요성을 강조하고 싶었던 1%의 영감은 무엇을 이루려는 의욕과 목표, 열정이 아닐까? 그 뒤 99%의 노력이 연결된다면 어떤 일이든 원하는 방향으로 이루어질 거라고 믿는다.

나는 평범한 주부에서 내 브랜드를 통해 두 번째 커리어를 가지며 1인 기업을 시작했다. 좋아하는 일을 잘하기 위해 여러 가지 도전을 하며 배웠다. 앞으로도 내 브랜드와 나의 성장을 위해 도움이 되는 크고 작은 모든 일에 끊임없이 힘쓸 것이다. 이제 1인 기업을 향한 1%의 영감을 가진 당신이 시작할 차례다.

에필로그

# 일을 한다는 것

일을 한다는 것은 어떤 의미일까? 대학 졸업 후 20대의 안목으로 선택한 직업 대부분은 자신의 적성이나 재능보다는 입사를 위한 직업 선택이 더 많았을 거라 생각한다. 앞만 보고 살아오느라 일에 대한 의미나 정의를 생각해 볼 시간도 거의 없었을 거다.

일생을 살아가면서 한 번은 나의 일에 대해 생각할 기회가 온다. 그 때 퇴사를 생각하게 되거나, 이미 퇴사 후에 다른 일거리를 탐색하게 될 때일 것이다. 당장 먹고 살아가는 일에 최선을 다해야 하는 것이 어른의 의무이다. 생활인으로서 삶을 살아가는 것도 숭고한 일이다.

만약 '나는 왜 일을 해야 하지?'라는 생각이 들 때가 있다면 가던 걸음을 잠시 멈추고, 자신이 일을 하는 의미에 대해 다시 한번 생각해 봤으면 한다. 사람이 일을 하는 첫 번째 이유는 생계에 대한 책임 때문이다. 두 번째 이유는 자신의 '자아실현'이다. 내가 하는 일에 대한 회의감이 들거나, 회사나 가정의 사정으로 일을 더 이상 이어나가지 못할 때가 있다면 진정으로 원했던 자신의 업(carrer)를 생각해야 할 타이밍이다.

두 번째 커리어를 준비해야 되는 입장이라면, 차분하게 내가 하고자하는 일과 그 일에 대한 비전을 생각해 봤으면 한다. 그 일이 생계와 더불어 개인적인 '성취'로 이어지는 일이라면 더 할 나위가 없을 것이다.

지금 시작하여 10년 이상 긴 호흡으로 할 수 있는 일인지, 나의 적성에 잘 맞는 일인지를 먼저 생각해 봤으면 한다. 또한, 나의 재능을 잘살릴 수 있는 일인지를 파악하여 두 번째 발돋움하기를 바라는 마음이다.

'급히 먹은 밥이 체한다'라는 말이 있다. 어떤 일이든 앞서 나갈 필요도 없고, 급하게 서두르다 체할 필요도 없다. 비록 시대는 빠르게 변하고 있지만 앞으로 오랜 시간을 두고 해야 될 일을 급하게 선택할 필요는 없다. 오히려 현역에 있을 때, 차근차근 준비하시는 게 더 현명하다. 오랜 생각 끝에 선택한 일이 당장의 성과가 나오지 않는다고 조급하게 판단을 하는 것도 위험하다.

밥이 어디 5분 만에 지어지는가? 쌀을 불리고, 적당한 온도로 가열이 된 후, 뜸까지 들여야 맛있는 밥은 완성이 된다. 두 번째 커리어도 밥 짓는 과정과 유사하다고 생각한다. 배가 고프다고 아직 익지도 않은 밥을 급하게 밥솥을 열어 먹을 수는 없는 법이니까. 덜 익은 밥은 소화가 되지도 않고, 먹기도 불편하다. 내가 만약 지금 시작하여 두 번째 커리어에서 어느 정도의 만족할 만한 성과를 내려면 밥이 완성되는 시점까지는 인내하는 마음으로 지켜봐야 한다.

이 책에 나와 있는 주인공들도 모두 그랬다. 처음에 다른 일을 하려고 했을 때는 막막했을 거고, 막상 일을 진행하면서 실망도 많이 했을 거라 짐작한다. 그렇지만 포기하지 않았기에 자신의 두 번째 커리어를 잘 유지할 수 있었다. 먼저 성취한 사람들만 보면, 나는 초라해지고 할수 없다고 생각이 들 수도 있다. 그럴 때마다 밥 짓는 과정을 떠 올리며 차분히 기다리라고 말씀드리고 싶다.

세상에 자신이 하고 있는 일을 100% 만족하며 사는 사람들은 없을 것이다. 커리어는 자신이 이르고 싶은 경지까지 가기 위해, 시간을 두고 쌓아가는 과정이다. 그러기에 그 과정을 즐기면서 스트레스를 관리하고 할 수밖에 없다. 그런 과정을 통해 더욱 만족스러운 자신만의 업(carrer)으로 완성이 되어 간다.

이 책을 통해 다양한 사람들의 이야기를 보며 '나도 할 수 있겠다!'라는 동기부여를 받았다면, 이제는 행동으로 옮길 때다. 머릿속에 있는 생각은 행동을 통해 현실화가 된다. 행동하지 않으면 머릿속에 갇힌 허상일 뿐이다. 이제 생각으로만 멈췄던 일을 하나씩 실행하면서 두 번째의 커리어의 구슬을 보배로 만들어 보자. 긍정의 에너지가 떨어질 때마다 이 책으로 위안을 받으면서. 이제는 여러분이 두 번째 커리어의 주인공이 될 차례이다.

2023년 3월 첫째 날

기획자 우희경

# 1인 기업, 두 번째 커리어

초판 1쇄 발행 | 2023년 6월 12일

지은이 | 우희경, 오하나, 김수진, 루시정, 지기, 정은혜
펴낸이 | 김지연
펴낸곳 | 생각의빛

주 소 | 경기도 파주시 한빛로 70 515-501
출판등록 | 2018년 8월 6일 제 406-2018-000094호

ISBN | 979-11-6814-040-0 (03190)

원고 투고 | sangkac@nate.com

\* 값 14,500원

\* 생각의빛은 삶의 감동을 이끌어내는 진솔한 책을 발간하고 있습니다. 참신한 원고가 준비되셨다면 망설이지 마시고 연락주세요.